A. Brückner

Die Ärzte in Russland

A. Brückner

Die Ärzte in Russland

ISBN/EAN: 9783743382466

Hergestellt in Europa, USA, Kanada, Australien, Japan

Cover: Foto ©ninafisch / pixelio.de

Manufactured and distributed by brebook publishing software (www.brebook.com)

A. Brückner

Die Ärzte in Russland

DIE

AERZTE IN RUSSLAND

bis zum Jahre 1800.

Ein Beitrag zur Geschichte der Europäisirung Russlands

von

A. BRÜCKNER.

ST. PETERSBURG,
Kaiserliche Hofbuchhandlung H. Schmitzdorff
(R. Hammerschmidt).
1887.

Дозволено цензурою. С.-Петербургъ, 24-го Августа 1887 г.

Buchdruckerei A. Tagow, Mochtschanskaja 20.

Inhalt.

		Seite.
I.	Einleitung	1
II.	Allgemeine Uebersicht	8
III.	Engländer	16
IV.	Holländer	25
V.	Franzosen, Italiener, Griechen, Ungarn, Polen	30
VI.	Deutsche. 1. Ausländer	38
VII.	Deutsche. 2. Balten	49
VIII.	In Russland geborene Ausländer	53
IX.	Russen	61
X.	Schluss	69

Die Aerzte in Russland bis zum Jahre 1800.

> Das grösste war's, dass, wenn sie Krankheit niederwarf,
> Kein Mittel da war, keine Salbe, kein Gebräu,
> Kein Brod der Heilung, sondern aller Arzenei
> Entrathen sie verkamen, bis sie dann von mir
> Gelernt die Mischung segensreicher Arzenei,
> Die aller Krankheit wilde Kraft zu stillen weiss.
> *Aischylos, der gefesselte Prometheus.*
> *V. 476—481.*

I.
Einleitung.

In der Geschichte der Medicin pflegt die Geschichte der Aerzte so weit abgehandelt zu werden, als die hervorragendsten unter ihnen wissenschaftliche Entdeckungen gemacht, die Heilkunde durch neue therapeutische Methoden gefördert haben. Auch hier, wie in der politischen Geschichte, giebt es eine Art Heroencultus, und es stellt sich uns eine Gallerie berühmter Männer dar. Hippokrates, Celsus, Galenus, Paracelsus, Paré, Farnel, Harvey, Sydenham, Boerhave, Haller, Bichat, Hahnemann, Rokitansky, Virchow, Skoda, Oppolzer u. s. w. absorbiren die Aufmerksamkeit der Historiker. Sie sind gewissermassen als der Generalstab der Armee der Aerzte überhaupt zu bezeichnen. Das Gros ihrer weniger berühmten Kollegen bleibt im Wesentlichen unbeachtet. Nur etwa in Baas' „Geschichte des heilenden Standes" (1876) kommen diese letzteren zu ihrem Recht.

Und in der That verdienen neben den Koryphäen der medicinischen Wissenschaft die Praktiker gewöhnlichen Schlages mehr Beachtung, als ihnen bisher in der Geschichtslitteratur zu Theil wurde. Die ersteren und die letzteren ergänzen einander. Die Entdeckungen der grosser Mediciner, der bahnbrechenden Naturforscher kommen erst durch die Vermittelung der minder berühmten Aerzte der Gesammtheit, der leidenden Menschheit zu Gute. Die Entdeckung vom Umlaufe des Blutes, die Ausbildung der pathologischen Anatomie, die Fortschritte der Untersuchungsmethode — Auscultation, Percussion, Palpation u. s. w. gingen von Einzelnen aus, aber diese epochemachenden Momente in der Geschichte der Medicin sind erst vermittelst der praktischen Ausübung durch unzählige Jünger der grossen Meister Gemeingut geworden.

Sowohl die sociale Stellung der Aerzte als ihre Zahl weisen im Laufe der Jahrhunderte sehr tiefgreifende Wandlungen auf. Es ist für die Bedeutung des ärztlichen Berufs entscheidend, ob die Aerzte dem Priesterstande angehören oder der Klasse der Sklaven entstammen oder ob sie einen besonderen Stand bilden. Die mönchischen Aerzte des Mittelalters operirten unter weniger günstigen Bedingungen als die berufsmässigen Mediciner der neuesten Zeit; die Schamanen bei den Tungusen oder Wotjaken haben einen anderen Wirkungskreis als die Doktoren bei civilisirten Völkern. Die oft schädlichen Hausmittel der Heilkünster und Heilkünstlerinnen im Volke unterscheiden sich wesentlich von der auf wissenschaftlichen Principien basirenden Pharmakopöe auf höheren Kulturstufen. Mit der Gesundheitspolizei, mit der Qualität und Quantität der Aerzte hängen die Mortalitäts- und Morbilitätsverhältnisse in den Massen eng zusammen.

Die historische Forschung hat bisher diesen Erscheinungen nur geringe Beachtung geschenkt. Sowohl in Bezug auf die Statistik der Aerzte, als in Betreff der Veränderungen auf dem Gebiete der Mortalität und Vitalität steht die Geschichtsforschung noch in ihrem Anfangsstadium. Man ist wohl im Allgemeinen geneigt anzunehmen, dass die Entwickelung der Kultur den Menschen überhaupt eine längere durchschnittliche Lebensdauer gewährleiste, dass in dem Kampfe gegen Krankheit und frühzeitigen Tod den Massen bessere Waffen als früher zur Verfügung stehen, dass demnach in vielen Fällen und bei unzähligen Gelegenheiten eine grössere Wahrscheinlichkeit des Sieges bestehe; aber die Historiker haben seltsamerweise noch weniger als die Mediciner das Bedürfniss empfunden, durch Sammlung und Combination statistischer Daten der Sache auf den Grund zu gehen, einen etwa auf diesem Gebiete sich erweisenden Fortschritt exact, ziffermässig darzustellen. Auch eine entgegengesetzte, pessimistische Auffassung begegnet uns wohl zuweilen. In einer Zeit, da die Erkenntniss der Gefahr, welche der Gesundheit und dem Leben von Bacillen und Bacterien droht, zugenommen hat, mag man wohl leichter zu der Annahme gelangen, dass manche Institutionen, welche mit den Errungenschaften der Civilisation eng zusammenhängen, wie die kolossalen stehenden Heere, das Zusammenwohnen ungeheurer Menschenmassen in grossen Städten, die Anforderungen der Schule, die Arbeiterverhältnisse in der Grossindustrie, die Stubenluft, in welcher Gelehrte und Bureauarbeiter ihr Dasein zu verbringen pflegen — die Vitalität in einem früher unbekannten Masse bedrohen und schädigen.

Die Frage aber, ob eine physische Degeneration der Menschheit im Allgemeinen, oder ob das Gegentheil stattfinde, ob die Bedingungen für Gesundheit und Leben im Ganzen und Grossen sich mit der Zeit, im Laufe der Jahrhunderte günstiger gestaltet haben oder nicht, dürfte denn doch in hohem Masse der Beantwortung werth sein. Es handelt sich um die Voraussetzung alles menschlichen Daseins überhaupt. Da mag man denn Grund haben den diese Frage berührenden Erscheinungen eine gewisse Beachtung zu schenken.

Auf praktischem Gebiete thut es Jeder ebensowohl wie die Gesammtheit, ohne zu einem klaren Bewusstsein von der Tragweite des eigenen Thuns für die in grossen Zeiträumen sich vollziehenden Geschicke der Menschheit zu gelangen. Wenn der Einzelne in Krankheitsfällen einen Arzt zu Rathe zieht und die von ihm empfohlenen Mittel anwendet, wenn sociale Körperschaften und Regierungen Gesundheitsanstalten gründen, das ärztliche Personal zu vermehren suchen, allerlei die öffentliche Hygiene betreffende Vorschriften erlassen, wenn ein neues Verfahren der Heilkunde, wie etwa die Entdeckung antiseptischer Mittel oder die Schutzpocken als ein segensreicher Fortschritt betrachtet wird, so liegt einem solchen Thun und Urtheilen die Voraussetzung zu Grunde, dass ein Kampf gegen Krankheit und vorzeitigen Tod sehr wohl möglich sei und eine sichere Aussicht auf Erfolg darbiete.

Während man unbedingt zugeben muss, dass alles Handeln seinem Wesen nach im Allgemeinen zweckmässig ist, während man nicht leugnen kann, dass in den soeben angeführten Erscheinungen unzweifelhaft ein optimistischer Zug sich wahrnehmen lässt, so erscheint denn doch bei dem gegenwärtigen Stande der Forschung das Problem von der Geschichte der Morbilität und Mortalität als ungelöst. Die Frage ist kaum in klarer, bestimmter Weise aufgeworfen, geschweige denn beantwortet worden.[1]

Die Lösung des Problems ist nur durch monographische Behandlung der Geschichte einzelner dahineinschlagender Erscheinungen möglich. Da es für frühere Zeiten an statistischen Daten über die Zahl der Kranken fehlt, da wir für frühere Jahrhunderte keine Mortalitätsziffern besitzen, so kann man nur aus dem Studium der allgemeinen Bedingungen, denen der jeweilige Stand der Morbilität und Mortalität entspricht, mit einiger Wahrscheinlichkeit auf einen Rück- oder Fortschritt in dieser Hinsicht schliessen. Wenn wir z. B. erfahren, dass eine Bevölkerung eine so geringe durchschnittliche Wohlstandsstufe einnimmt, dass sie schon bei einer unbeträchtlichen Steigerung des Kornpreises ausser Stande ist sich die erforderlichen Lebensmittel zu verschaffen, so werden wir es für in hohem Masse wahrscheinlich halten müssen, dass die Zahl der Opfer des Hungertyphus in einem solchen Volke eine grössere sein werde, als bei einem reichen Volke, und dass der Ausspruch eines französischen Gelehrten „Aisance est vitalité" hier seine Bestätigung finden müsse. Brechen epidemische Krankheiten aus,

---

[1] Mit scheinbarer Sicherheit spricht Alex. von Oettingen in seiner „Moralstatistik" die Ueberzeugung von einer stattfindenen physischen Degeneration der Menschheit aus, und zwar soll dieselbe gerade in den Kulturcentren besonders in die Augen fallen. So z. B. heisst es S. 48 (d. zweiten Auflage) bei Besprechung der angeblichen „schamlosen Entartung der Ehe und des Familienlebens": „Hier predigen die Thatsachen gewaltig und offenbaren als Symptome die innere Krankhaftigkeit des Gesammtleibes. Der Organismus der Menschheit ist zu Tode krank, quält sich in mannigfaltigem Siechthum"; S. 241: „Der Gesellschaftskörper droht bei lebendigem Leibe buchstäblich zu verfaulen"; S. 322: „Die gesammte Progenitur geht einem physischen und moralischen Verkrüppelungsprocess entgegen"; S. 385: „Die Berliner Volksseele altert schon und wird von Jahr zu Jahr hinfälliger" u. dgl m. Es zeugt von grosser Stumpfheit der Historiker, dass diese Behauptungen, welche allerdings der Begründung entbehren, nirgends Widerspruch oder Zustimmung gefunden haben, während hier doch ein eminent-historisches Problem berührt wird.

so werden Länder, in denen die öffentliche Gesundheitspflege rationell betrieben wird, im Allgemeinen weniger decimirt werden, als Locale, in denen Wohnung, Nahrung, Lebensweise der Massen den Regeln der Hygieine nicht entsprechen. In einer Armee ohne Feldlazarethe werden die Kranken und Verwundeten eher zu Grunde gehen, als wenn solche Anstalten vorhanden sind u. dgl. m.

Allerdings müsste die Geschichtsforschung neben dem Hinweis auf die soeben angeführten Wandlungen in günstigem Sinne auch die Reihe entgegengesetzter Erscheinungen einer eingehenden Untersuchung unterwerfen. So z. B. stellt Häckel in seiner „Schöpfungsgeschichte" den Satz auf, dass alle gesunden und kräftigen jungen Männer heutzutage die Aussicht haben durch Zündnadeln, gezogene Kanonen und andere dergleichen „Kulturinstrumente" gemordet zu werden, während alle kranken, schwächlichen, mit Gebrechen behafteten Jünglinge zu Hause bleiben, heirathen und sich fortpflanzen. Es wäre also die Frage zu prüfen, ob Häckels Pessimismus, welche eine Degeneration der Menschheit in Folge der Kriege in Aussicht stellt, in den Thatsachen seine Bestätigung findet oder nicht. Derselbe Forscher spricht die Befürchtung aus, dass die „medicinische Züchtung" für die Vitalität indirect ein Schaden sei, indem allerdings Krankheiten durch Arzeneien aufgehalten, die Tage der Kranken verlängert würden, es aber auch geschehe, dass je länger man das Leben der kranken Aeltern mit Hülfe der ärztlichen Kunst hinziehe, eine desto zahlreichere Nachkommenschaft von ihnen die unheilbaren Uebel erben könne u. s. w. [1]). Nur durch exacte historische Forschung, durch Massenbeobachtung kann ermittelt werden, in wie weit diese Aufstellungen des berühmten Naturforschers der Zukunft der Menschheit in der That ein ungünstiges Prognostikon zu stellen vermögen.

Wenn man nun annehmen darf, dass die Bedingungen des jeweiligen Standes der Mortalität und Vitalität im Laufe der Zeit bedeutenden Wandlungen unterworfen gewesen sind, wenn man auch zugeben mag, dass diese Wandlungen entgegengesetzter Art gewesen sein mögen, so dass im Zusammenhange mit den allgemeinen Entwickelungsphasen die Bedingungen für

---

[1]) Häckel, Schöpfungsgeschichte S. 122

Gesundheit und Leben nicht bloss günstig, sondern zum Theil auch ungünstig gewesen sind, so liegt die Frage nahe, ob sich nach grossen Zeiträumen auf diesem Gebiete ein Plus oder Minus herausstellt. Auf ein solches Facit kommt Alles an. Ehe aber die Summe gezogen werden kann, muss jeder der Factoren oder mindestens eine möglichst grosse Anzahl von Factoren im Einzelnen festgestellt worden sein. So sind denn, um die ganze Frage ihrer Lösung näher zu bringen, recht zahlreiche Thatsachenreihen einer eingehenden Untersuchung zu unterwerfen.

Einen Beitrag zur Erforschung einer dieser Thatsachenreihen soll die folgende Abhandlung liefern.

Es handelt sich um eine Darstellung der Geschichte der Aerzte in Russland in den drei Jahrhunderten von 1500 bis 1800. Die frühere Zeit kann nicht Gegenstand der Betrachtung sein, weil es bis zum 16. Jahrhundert so gut wie gar keine Aerzte in Russland gab. Die neueste Zeit, d. h. das 19. Jahrhundert, bleibt vorläufig ausgeschlossen, weil das Quellenmaterial für eine derartige Untersuchung, wenn auch in verschiedenen Formen vorhanden, so doch nur zum Theil zugänglich und nicht ausreichend vorbereitet, gesichtet ist.

Dagegen verfügten wir für das 16., 17. und 18. Jahrhundert über zwei Quellenwerke, welche eine eingehende Untersuchung des Gegenstandes ermöglichen.

Im Jahre 1813 bis 1817 erschien zu Moskau W. M. Richter's dreibändige „Geschichte der Medicin in Russland." Der Verfasser, 1767 zu Moskau geboren, war von 1790 an Professor der Geburtshülfe an der Moskauer Universität und hat eine ganze Reihe von speciell medicinischen Schriften herausgegeben, auch in anderen Abhandlungen Fragen aus der Geschichte der Medicin behandelt [1]). Sein Werk zeichnet sich durch lichtvolle Anordnung und durch litterarisches Geschick aus; die Quellenkenntniss ist so ausgedehnt, als dieses bei dem damaligen Stande der Geschichtswissenschaft in Russland irgend sein konnte. Es standen ihm ungedruckte Quellen, Archivalien zur Verfügung und er hat sie gewissenhaft benutzt. In den Beilagen zu seinem Werke hat Richter eine beträchtliche Anzahl sehr werthvoller Actenstücke veröffentlicht. Dieselben werden, so wie Richter's Zusammenstellungen überhaupt, stets ihren

---
[1]) S. d. Notizen über Richter in dessen Hauptwerke Bd III. 366—372.

Werth behalten und noch oft späteren Forschern, welche sich mit diesem Gegenstande beschäftigen, nützen.

Der Geschichte der Aerzte in Russland hat Richter eine besondere Aufmerksamkeit gewidmet. Er stellte Verzeichnisse von Aerzten in den einzelnen Regierungsperioden zusammen, erforschte die Personalien aller in den Quellen erwähnten Aerzte, Apotheker und Chirurgen u. s. w.

Es ist sehr zu bedauern, dass Richter sein grundlegendes Werk nur bis zu der Thronbesteigung des Kaisers Peter III. hat fortführen können. Gerade die Regierungszeit der Kaiserin Katharina II., welche in der Geschichte der Medicin in Russland eine Epoche bildet, und während deren gerade das ärztliche Personal im ganzen Reiche in einem sehr starken Zunehmen begriffen ist, hätte Richter als Zeitgenosse vortrefflich dargestellt. Es giebt von ihm nur eine lateinische Abhandlung über die Verdienste Katharina's um das Sanitätswesen in Russland (1792).

Das zweite Werk, welches uns bei Behandlung unseres Gegenstandes zur Verfügung stand, ist Jacob Tschistowitsch's „Geschichte der ersten medicinischen Schulen in Russland" (russisch), St. Petersburg, 1883. Obgleich der vor Kurzem verstorbene Verfasser, Professor an der medicinischen Akademie, nahezu ein Vierteljahrhundert an seinem umfassenden Werke gearbeitet hat, obgleich ihm ein sehr ausgedehntes Actenmaterial zur Verfügung stand, leidet sein Buch, welches nur die Geschichte des medicinischen Unterrichts im 18. Jahrhundert behandelt, an bedeutenden Mängeln, auf welche ich an einer andern Stelle aufmerksam gemacht habe *). Tschistowitsch ist seinem Stoffe nicht gerecht geworden und steht als Gelehrter wie als Schriftsteller nicht entfernt so hoch wie Richter. Gleichwohl hat er eine grosse Fülle von Thatsachen zusammengetragen und namentlich ist eine der Beilagen zu seinem Buche, ein alphabetisches Verzeichniss der Aerzte in Russland im 18. Jahrhundert (S. LXVI—CCCLXVI) ein werthvolles Hilfsmittel bei Behandlung des Stoffes. Allerdings leidet auch dieses Arztlexikon an einer auffallenden Ungleichmässigkeit der Behandlung, an einer einseitigen Benutzung des Actenmaterials, aber es liefert eine grosse Anzahl von Angaben, auf deren Verwerthung es uns in der folgenden Abhandlung ankam.

---
*) Russische Revue Bd XXVI, 202—219.

II.
Allgemeine Uebersicht.

Verhältnissmässig spät treten in Russland eigentliche Aerzte auf. In der Zeit der ersten Beziehungen Russlands zu Byzanz, in der Periode der Christianisirung Russlands hätte letzteres ein ärztliches Personal aus Griechenland beziehen können; indessen begegnen uns in den Quellen keinerlei Angaben darüber. Gelegentlich hören wir wohl, dass etwa die Mönche des Höhlenklosters zu Kijew Kranke aufgenommen und verpflegt hätten. Aber von einer eigentlichen berufsmässigen Heilkunde erfahren wir nichts. Die frühesten Nachrichten von der Anwendung mancher Heilmittel gegen verschiedene Krankheiten beziehen sich auf die zweite Hälfte des 15. Jahrhunderts. Es gab eine Art Volksmedicin, und Richter hat, nach den Quellen, ein Verzeichniss solcher „Hausmittel", wie sie in Russland üblich waren, zusammengestellt. Aber diese Angaben stammen im Wesentlichen aus dem 16. Jahrhundert, da das Auftreten ausländischer Aerzte auf die Art der Behandlung von Kranken im ganzen Lande einen gewissen Einfluss hatte üben können.

Die selbst von Richter ausgesprochene Ansicht, dass das Volk in Russland in früheren Epochen sich durch einen besonders günstigen Gesundheitszustand ausgezeichnet und daher im Grunde des ärztlichen Beistandes nur wenig bedurft habe, muss als eine vage Vermuthung, als eine in der Luft stehende Behauptung angesehen werden. Dieser Ansicht widerspricht das lange, von Richter mit grossem Fleisse zusammengestellte Verzeichniss der verheerenden Seuchen, von denen die Bevölkerung Russlands heimgesucht wurde und deren in den Quellen erwähnt wird. Die kurzen, meist allgemein gehaltenen Notizen in den Chroniken, lassen auf entsetzliche Verheerungen durch Epidemien schliessen, von deren Natur wir schon darum so gut wie gar keine Kunde haben, weil es keine oder so gut wie keine Aerzte gab.

Einer der Abgeordneten, welche Wladimir (der Heilige), ehe er sich zur Annahme des Christenthums entschloss, in alle Länder ausgesandt haben soll, um sich über die verschiedenen Religionen zu orientiren, sei, so wird erzählt, ein Arzt ge-

wesen¹). Aber erstlich erscheint der ganze Bericht von der
Aussendung solcher Kundschafter als mythisch, und zweitens
erfahren wir nichts von der Thätigkeit der betreffenden Persönlichkeit als eines Arztes. Es lassen sich nur Vermuthungen
darüber anstellen, dass es im 11. Jahrhundert in Russland
Aerzte gegeben haben könne, da wir aus dieser Zeit von Krankenhäusern Kunde haben. Ein Mönch, Alympius, soll gegen
das Ende des 11. Jahrhunderts die Herstellung eines Kranken
durch Anwendung eines Heilmittels bewirkt haben. Von einem
andern Mönch, dem heiligen Agapyt, erfahren wir, dass er
als ein „uneigennütziger Arzt" bezeichnet worden sei. Die Erwähnung eines Armeniers, welcher sehr geschickt gewesen sei,
den Puls zu fühlen verstanden und den Tod eines Kranken
auf Tag und Stunde zu bestimmen vermocht habe, lässt auf
die Möglichkeit schliessen, dass es sich hier um einen wirklichen Arzt gehandelt habe, der vielleicht Hippokrates, Galen
und Celsus gelesen hatte²). Ebenso fragmentarisch sind die
Nachrichten über etwaige Aerzte im 12. Jahrhundert. So z. B.
erfahren wir, dass, als ein Bojar sich durch einen Sturz vom
Pferde schwer beschädigte, ein Fürst Georgij Wassiljewitsch,
den Kranken besucht und Aerzte mitgebracht haben sollte,
ohne dass wir über die letzteren etwas Genaueres wüssten.
Ein Mann, Namens Peter der Syrier, soll der Arzt des Fürsten
von Tschernigow, Nikolai Davidowitsch gewesen sein (Anfang
des 12. Jahrhunderts), ohne dass wir von seiner medicinischen
Thätigkeit etwas erführen³). Ueber die als „der schwarze Tod"
bekannte Seuche, welche im 14. Jahrhundert auch in Russland die furchtbarsten Verheerungen anrichtete, haben sich
zahlreiche Angaben erhalten, aber nirgends wird dabei der
Aerzte in Russland erwähnt, obgleich u. A. selbst ein Grossfürst, Ssemen der Stolze, ein Opfer dieser Krankheit wurde.

Wie in mancher andern Hinsicht, so auch in der Geschichte
der Aerzte in Russland, bildet die Regierung des Grossfürsten
Joann III. (1462—1505) eine Epoche. Bei Gelegenheit der Verhandlungen über die Vermählung des Grossfürsten mit der griechischen Prinzessin Sophie, kam ein Arzt, Namens Leon, ein

---

¹) Richter I. 164—167.
²) Richter I. 172—175.
³) Richter I. 185—188.

Jude von Geburt, nach Russland. Gleich darauf (1490) erkrankte der Sohn des Grossfürsten an einer Art von Gicht an den Füssen. Leon versprach dem Grossfürsten den Kranken zu heilen; wenn ihm dies nicht gelinge, war der Arzt bereit, den Tod durch Henkershand zu erleiden. Der Prinz starb, und Leon wurde in der That öffentlich hingerichtet.*) So die erste zuverlässige Nachricht von der Thätigkeit eines Arztes in Russland. Die Geschichte der Aerzte in diesem Reiche beginnt mit einer Episode, welche auf den specifisch orientalischen Charakter dieses Standes schliessen lässt, mit einem Act der Brutalität, wie solche Dinge heutzutage sich in Persien, Birma oder in centralafrikanischen Reichen zutragen können.

Aus der Zeit der Regierung des Grossfürsten Wassilij Joannowitsch (1505—1534) sind zwei Aerzte bekannt; beide behandelten den Herrscher während dessen letzter Krankheit. Der eine, Nikolai Lujew, war, wie wir aus dem Gespräche des Grossfürsten mit ihm erfahren, aus fremden Ländern nach Russland gekommen, ohne dass wir Genaueres über seine Herkunft wüssten; der andere, Theophil, war ein Deutscher; sein Landesherr, der preussische Herzog Albert, reclamirte seine Rückkehr aus Russland im Jahre 1516 durch seinen damals in Moskau befindlichen Gesandten, Dietrich von Schomberg; Theophil scheint indessen Russland nicht verlassen zu haben, da wir ihm hier noch im Jahre 1537 begegnen*).

Eine bedeutend grössere Anzahl von Aerzten kam während der Regierung des Zaren Ioann IV. nach Russland, so ein Italiener, Namens Arnolph, ein Deutscher, Eliseus Bomelius, mehrere Engländer, wie Standish, Richard Elmes, Robert Jacob, eine Anzahl von Feldscheerern, der Apotheker James Frencham [10]). Unter Feodor und Boris kamen u. A. der Engländer Marcus Rydley, der Franzose oder Italiener Paul Citadin, der Deutsche Caspar Fiedler, der Ungar Christophorus Rietlenger, die Lübecker David Vasmer und Heinrich Schroeder, der Doctor Willys u. A. [11]).

Man nimmt wahr, dass die Berührung Russlands mit Europa in Folge der Entdeckung des Seeweges nach dem Weissen

---
*) Richter I. 232—234.
*) Richter I. 275 ff.
[10]) Richter I. 294—314.
[11]) Richter I 313—396.

Meere durch die Engländer im Jahre 1553 auch in dieser Hinsicht Früchte trug. Auch macht sich die Neigung der russischen Regenten, Joann's IV., Godunows, des Pseudodometrius bemerklich, Russland dem westeuropäischen Einflusse zu erschliessen. Diese Richtung wird denn auch später trotz mancher Schwankungen in der russischen Politik eingehalten, so dass auch im 17. Jahrhundert, trotz der um das Jahr 1612 eintretenden nationalen Reaction gegen den fremdländischen Einfluss die Zahl der Aerzte stetig zunimmt. Und da es noch lange währte, ehe man an die Ausbildung russischer Aerzte denken konnte, war man darauf angewiesen, ausländische Mediciner nach Russland zu berufen.

So kamen denn: unter Michael Feodorowitsch (1613—1645) u. A. der Holländer Valentin Byls und Hiob Polidanus, der Engländer Arthur Dee, der Deutsche Wendelinus Sybelist, ferner Reinhard Pauw, Hartmann Gramann, Johann Belau, Peter Chamberlaine, eine beträchtliche Anzahl von Wundärzten und Apothekern [12]); unter Alexei Michailowitsch (1645—1676) Andreas Engelhardt, Samuel Collins, Johannes Costerus von Rosenburg, Laurentius Blumentrost, Stephan Daniel von Gaden, unter Feodor Alexejewitsch (1676—82) Stockmann, Gutmensch, Pfeiffer, Sommer u. s. w. [13]).

Sehr rasch steigt sodann die Zahl der Aerzte noch weiter während der Regierung Peters des Grossen. Noch ehe der letztere seine epochemachende Reise nach Westeuropa antrat, welche u. A. auch die Uebersiedelung einer beträchtlichen Anzahl von Medicinern nach Russland zur Folge hatte, begegnen uns in Moskau bedeutende Aerzte, wie Carbonarius, Pelarino, Zacharias van der Hulst u. A. Sodann wurden allein im Jahre 1697 nicht weniger als fünfzig Chirurgen für die Armee und die Flotte berufen [14]). In den ersten Jahrzehnten des 18. Jahrhunderts kamen ferner u. A. Nikolaus Bidloo, Johann Melchior Glüssing, Robert Areskin, Antonius Sevasto, Georgius Policala, Gottlieb Schober, Antonius de Theyls, Matthäus Mineat, Johann Hermann Lestocq, Johann Pagenkampf, Johann Christoph Rieger, Johann Lerche u. A. Unter Elisa-

---

[12]) Richter II. 22—109. 125—134.
[13]) Richter II. 265—379.
[14]) Richter II. 382—433.

beth wirkten u. A. die Brüder Kaau-Boerhave, der Grieche Condoidi, Johann Schilling, Treugott Gerber, Poletika, Mounsey u. s. w. [14]). Die Regierung Elisabeths ist für das Medicinalwesen in Russland hochbedeutsam durch die Gründung der Moskauer Universität, bei welcher sich eine medicinische Facultät befand, durch die Absendung von jungen Russen ins Ausland zum Zweck der Ausbildung für den ärztlichen Beruf u. s. w. Hatten schon früher die in der Zeit Peters gegründeten Hospitalschulen die Möglichkeit eines medicinischen Studiums in Russland dargeboten, so steigerte sich diese Möglichkeit um die Mitte des 18. Jahrhunderts durch die Anstellung einer Reihe von Professoren der Medicin an der Hochschule in der alten Hauptstadt und durch die Vermehrung der Hospitäler, Apotheken u. s. w.

In diesem Sinne hat sodann die Regierung Katharina's weitergewirkt. Es erfolgt gleich zu Anfang dieser Regierung die Gründung des Medicinalcollegiums; die Zahl der Reisestipendiaten, welche sich in Westeuropa dem medicinischen Studium widmen, ist im Steigen begriffen; es findet im Jahre 1768 die erste Doctorpromotion in Russland statt [16]); der berühmte Verfasser des Buches „Von der Einsamkeit", Zimmermann, vermittelt den Eintritt einer grossen Anzahl deutscher Aerzte in russische Dienste, u. s. w. [17]). Unter den Aerzten dieser Zeit begegnen uns bedeutende Persönlichkeiten, wie Orreus, Lerche, Tode, Rogerson, Weikard, Wilie, die Gebrüder Asch, Richter, Ssamoilowitsch, Schafonskij, Jagelskij, der Baron Dimsdale und u. A. m.

In welchem Masse die Zahl der Aerzte in Russland im Zunehmen begriffen ist, ersieht man aus folgender Zusammenstellung, welche sich auf die Zeit von 1600 bis 1800 bezieht und in welcher insbesondere der Zeitraum von 1730 bis 1800 Beachtung verdient.

Es begegnen uns Aerzte in folgender Zahl, in folgenden Zeiträumen:

---

[15]) Richter III. s. d. ganzen Band.
[16]) Tschistowitsch, Beilagen CCXLV.
[17]) s. Marcard, Zimmermann's Verhältniss zu der Kaiserin Katharina II. Bremen, 1803.

bis zum Jahre		
1600		12
1600 bis	1650	22
1650 „	1690	28
1690 „	1730	125
1730 „	1740	46
1740 „	1750	58
1750 „	1760	76
1760 „	1770	94
1770 „	1780	124
1780 „	1790	229
1790 „	1800	236

Ein flüchtiger Blick auf diese Tabelle, deren Einzelheiten auf Genauigkeit keinen Anspruch machen, belehrt uns darüber, dass insbesondere die Regierungsperiode Peters des Grossen und ferner diejenige Katharina II. ein rasches Anschwellen der Ziffer der Aerzte aufweist. Während Peter in erster Linie für das Sanitätswesen im Heere und bei der Flotte Sorge trug und hier das ärztliche Personal zu vermehren suchte, fasste Katharina II. ihre Aufgabe viel weiter, indem sie für das Volk zu sorgen wünschte. Vergegenwärtigt man sich den persönlichen Antheil, welchen die Kaiserin, wie an anderen Angelegenheiten, so auch an der Berufung der Aerzte nahm und erinnert man sich des oft wiederholten Vorwurfs, dass Katharina angeblich gar keinen Sinn für die weniger effectvollen administrativen Fragen gehabt habe, so wird man auch hier, wie sonst oft bei eingehenderem Studium der einschlagenden Erscheinungen, den Eindruck gewinnen, dass die ungünstigen Urtheile über Katharina, welche angeblich Alles nur um des Ruhmes willen gethan haben soll, ungerecht seien.

Die Ziffern der obenmitgetheilten Tabelle können auf Genauigkeit keinen Anspruch machen, weil man es für möglich halten muss, dass die Verzeichnisse der Aerzte, welche Richter zusammenstellte und das Arztlexikon Tschistowitsch's, welche die von uns verwertheten statistischen Materialien [*] enthalten,

---

[*] Wir haben die Verzeichnisse von etwa 500 bis 600 Aerzten nach den obigen Quellen graphisch darzustellen versucht und zwar insoweit es möglich war, die Dauer der Wirksamkeit jedes Arztes in diesen graphischen Darstellungen für jedes Jahr zu veranschaulichen gesucht. Auf Grund solcher in einem Liniennetz gezogener Streifen hat dann für jedes Jahrzehnt eine Addition, welche die Arztfrequenz ausdrückt, gemacht werden können. Die Technik der Sache hat manche Schwierigkeiten dargeboten.

an Unvollständigkeit leiden. Man darf vermuthen, dass, insbesondere im 18. Jahrhundert, mehr Aerzte thätig waren, als diejenigen, von denen wir durch die Vermittelung der obigen Quellen Kunde haben. Selbstverständlich werden die allermeisten Aerzte irgend eine officielle Stellung eingenommen und in dem Actenmaterial eine Spur hinterlassen haben. Immerhin mag es aber auch solche Mediciner gegeben haben, welche in den von Tschistowitsch benutzten Geschäftspapieren nicht erwähnt sind. Ein solcher muthmasslicher Fehler in unserer Statistik der Aezte ist aber, seiner Natur nach, von untergeordneter Bedeutung und thut dem Gesammtergebniss unserer Untersuchung keinen Eintrag. Ist es uns gelungen, durch jene Zahlencolonne darzuthun, dass der Process der Europäisirung Russlands auch in dem Sanitätswesen dieses Reiches zum Ausdruck gelangt, so wird ein solches Resultat durch die obenerwähnten Lücken im Material nicht bloss nicht alterirt, sondern jene Ziffern, welche sich herausstellen, erscheinen, namentlich für die zweite Hälfte des 18. Jahrhunderts, als Minimalangaben, so dass die thatsächliche Steigerung der Arztfrequenz noch stärker sein mag als unsere Zusammenstellung ergiebt. Die Möglichkeit eines Fehlers nach der andern Richtung hin erscheint ausgeschlossen.

Wir bedauern auf die Weiterführung unserer Tabelle bis auf unsere Tage verzichten zu müssen. Es fehlt uns das Material für eine solche Zusammenstellung. Zwei Ergebnisse einer solchen etwa noch zu bildenden Ziffernreihe dürften unzweifelhaft erwartet werden können. Es ist selbstverständlich, dass die Zahl der Aerzte in Russland heutzutage unverhältnissmässig grösser ist als vor einem Jahrhundert, dass das Mass des Anschwellens der Ziffer, welche die Arztfrequenz ausdrückt, im Laufe der letzten Jahrzehnte ein stärkeres ist als in dem vorhergehenden Jahrhundert. Darf man auf Grund approximativer Schätzungen annehmen, dass gegenwärtig im ganzen Reiche einige tausend Aerzte thätig seien, während es sich selbst zu Ende des 18. Jahrhunderts nur um ein Paar hundert Aerzte handelte, so stellt sich eine solche Differenz, auch wenn man den Unterschied der Bevölkerungsziffer berücksichtigt, als sehr beträchtlich dar. Im Laufe des letzten Jahrhunderts hat sich Russlands Bevölkerung etwa verdreifacht, während die Zahl der Aerzte auf das Zwanzig- bis Dreissigfache, also in einem unverhältnissmässig stärkeren Grade gestiegen ist. Mögen aber die auf diesem Gebiete während des 19. Jahrhunderts stattgehabten Wandlungen noch so beträchtlich sein, so beanspruchen die betreffenden Vorgänge im 16., 17. und 18. Jahrhundert denn doch eine grössere Beachtung, insofern die Anfänge des Sanitätswesens, weil völlig neu und bahnbrechend, wichtiger erscheinen als die nothwendige Entwickelung desselben im laufenden Jahrhundert. Der Schritt, welchen Russland in dieser Hinsicht im Zeitalter von Joann III. bis zu Katharina II. that, ist wichtiger als die Weiterbewegung auf der einmal eingeschlagenen Bahn. Der Unterschied zwischen einem Zustande ohne alle Aerzte und einem solchen, wo es deren ein Paar hundert giebt, ist grösser als die Differenz zwischen Hunderten und Tausenden von Aerzten. Sich in dieser Hinsicht wie in mancher andern an Westeuropa anschliessen bedeutete mehr, als mit der Entwickelung anderer Staaten einigermassen gleichen Schritt halten. War das Thor nach der Culturwelt hin einmal geöffnet, so musste nothwendigerweise die Frequenz durch dasselbe auch später steigen. Die schwere, träge Masse unhistorischen Daseins des conservativen orientalischen Staatskörpers in Bewegung bringen war schwerer als dieselbe weiterwälzen. So erscheint denn die Aufgabe, welche wir in Betreff einer Geschichte der Arztfrequenz zu lösen versuchten, belangreicher als die Vervollständigung des Arztverzeichnisses bis auf die neueste Zeit, wenn auch letztere an und für sich wünschenswerth wäre.

Ein zweites Ergebniss der Fortführung unserer Aufgabe bis auf unsere Tage würde bei dem Vergleich Russlands mit anderen Staaten darin bestehen, dass Russland vorläufig in Bezug auf die Arztfrequnz weit hinter anderen Staaten zurücksteht. Während man gegenwärtig in Italien auf 2280 Menschen einen Arzt rechnet, kommt in Russland ein Arzt auf 18000 Einwohner; ja es giebt Gegenden in Russland, wo das Verhältniss ein noch viel ungünstigeres ist, wie z. B. die entlegeneren Gouvernements im Osten, Norden, Südosten. Während in England auf 3118 Menschen ein Feldscheer kommt, ist das Verhältniss in Russland wie 12400: 1. In Preussen rechnet man durchschnittlich auf je 22000 Einwohner ein Krankenhaus; in Russland kommt eines auf 175000 Personen u. dgl. m.

So hat denn noch jetzt in Bezug auf die Arztfrequenz viel zu geschehen, um Russsand mit den Staaten Westeuropa's auf eine Stufe zu stellen. Ein sehr bedeutender Theil der Bevölkerung Russlands darf heutzutage ebensowenig auf ärztlichen Beistand rechnen, wie die ganze Bevölkerung Russlands vor drei bis vier Jahrhunderten. Aber dass der Process des Ausgleichs zwischen Russland und dem höhercultivirten Westen in dieser Beziehung wie hinsichtlich anderer Erscheinungen begonnen habe, ist aus den obenangeführten Ziffern zu entnehmen. Ebenso ist es klar, dass der in Russland in Betreff der Gesundheitspflege sich vollziehende Fortschritt ausschliesslich der Berührung Russlands mit Westeuropa verdankt wird und dieser Verkehr Russlands mit der Welt auf dem Gebiete des Wissens und Könnens an Intensität zunimmt.

III.

Engländer

Fragen wir nach der Nationalität der Aerzte in Russland im Laufe der letzten Jahrhunderte, so treten uns auch in dieser Hinsicht während dieses Zeitraums sehr bedeutende Veränderungen entgegen. Die wichtigste der letzteren besteht darin, dass es lange Zeit gar keine russischen Aerzte gegeben und dass die Zahl der letzteren im Laufe des letzten Jahrhunderts stetig zugenommen hat.

So ergeben sich für eine eingehendere Betrachtung zwei Hauptgruppen von Aerzten: Ausländer und Russen. Jede dieser Hauptgruppen bietet dann noch weitere Unterabtheilungen dar.

Fassen wir zunächst die ausländischen Aerzte ins Auge, so nehmen wir hier in Betreff der verschiedenen Nationalitäten sowohl eine gewisse Reihenfolge als auch sehr beträchtliche Differenzen in Bezug auf die Zahl der den einzelnen Nationalitäten angehörenden Aerzte wahr.

Wenn wir von ganz unbedeutenden Gruppen solcher Nationalitäten absehen, welche nur durch eine geringe Zahl von Männern in dem ärztlichen Stande Russlands vertreten sind, so ergeben sich insbesondere drei Nationalitäten, welche in Betracht kommen und in einem gewissen Sinne auf einander folgen: es sind die Engländer, die Holländer und die Deutschen.

Die Nationalität der sehr wenigen Aerzte, welche in Russland vor der Mitte des 16. Jahrhunderts thätig waren, ist meist unbekannt. Richter's Vermuthung, dass in Folge der Beziehungen, welche zwischen Russland und Byzanz bestanden, bereits in frühester Zeit griechische Aerzte nach Russland gekommen seien, wird durch keine Thatsachen bestätigt. Wir hören von einem Juden, von einem Armenier u. dgl. Der Arzt Theophil, welcher uns in der ersten Hälfte des 16. Jahrhunderts in Russland begegnet, ist trotz seines griechischen Namens, wie aus den oben mitgetheilten Angaben zu ersehen ist, denn doch wohl ein Deutscher gewesen.

Dagegen bilden einige englische Aerzte, welche in der zweiten Hälfte des 16. und zu Anfang des 17. Jahrhunderts nach Russland kamen, in der That eine Gruppe.

Man weiss, welche grosse Bedeutung die Entdeckung des Seeweges zu der Mündung der Dwina durch die Engländer im Jahre 1553 hatte. Bildeten bis dahin die Beziehungen Russlands zu anderen Staaten eine seltene Ausnahme, so entspann sich nach dem Jahre 1553 zwischen Russland und England ein regelmässiger Verkehr, welcher für die Kulturentwickelung Osteuropas von den tiefgreifendsten Folgen begleitet war. Es kamen in recht bedeutender Anzahl Engländer nach Russland. Es waren insbesondere commercielle und industrielle Interessen, welche sie zu der Reise in das bis dahin fast völlig unbekannte Land veranlassten. Nahezu ein Jahrhundert lang spielten die Engländer in dem auswärtigen Handel Russlands die Hauptrolle. Auch der diplomatische Verkehr zwischen den beiden Staaten war wesentlich auf die Regelung der Handelsverhältnisse gerichtet. Durch die Engländer lernten die Russen mancherlei Bedürfnisse, welche ihnen bis dahin völlig fremd waren, kennen. Den mancherlei Luxuswaaren, welche auf englischen Schiffen über Archangelsk nach Moskau kamen, sind denn auch die englischen Aerzte beizuzählen.

Fast unmittelbar nach der Ankunft des kühnen Seefahrers Chancelor in Russland, d. h. schon im Jahre 1557, als Jenkinson seine erste Reise nach Russland machte, kamen mit ihm zugleich mehrere Aerzte, darunter Standish und Richard Elmes. Aus den diplomatischen Correspondenzen zwischen Joann IV. und Elisabeth von England erfahren wir, dass der erstere die Königin ersucht habe, ihm Aerzte zu empfehlen. Sie sandte dem Zaren u. A. einen Hofarzt, Namens Robert Jacob. Derselbe scheint das besondere Vertrauen des Zaren genossen zu haben, da wir u. A. erfahren, dass er, als Joann sich mit einer Engländerin vermählen wollte, die Lady Mary Hastings, eine Verwandte der Königin Elisabeth, in Vorschlag brachte. In verschiedenen an den Zaren gerichteten Schreiben ersucht Elisabeth den Zaren den Doctor Jacob in Ehren zu halten. Nach dem Tode Joann's IV. verliess dieser Arzt Russland, kam aber ein Paar Jahre später abermals ins Land und scheint sich insbesondere als Frauenarzt hervorgethan zu haben [10]). In die erste Zeit der englisch-russischen Beziehungen fällt auch die erste Einrichtung einer Hofapotheke in Russland und auch hiebei nimmt ein Engländer, James Frencham, die wichtigste Stelle ein [11]). Im Jahre 1594 kam sodann, ebenfalls von der Königin Elisabeth empfohlen, Marcus Rydley nach Russland; er nahm die Stellung eines Leibarztes des Zaren Feodor Joannowitsch ein. Auf den Wunsch der Königin und wahrscheinlich, weil Rydley selbst nicht länger in Russland bleiben wollte, wurde er schon im Jahre 1598 wieder entlassen, wobei der Zar in einem an die Königin gerichteten Schreiben erklärte, dass wenn künftig englische Aerzte, Apotheker und andere Gelehrte nach Russland zu kommen wünschten, dieselben sich einer guten Aufnahme, einer reichlichen Versorgung und einer freien Entlassung zu erfreuen haben sollten [12]). Der Doctor Willys, welcher im Jahre 1599 von der Königin Elisabeth nach Russland gesandt wurde, scheint mehr die Rolle eines Diplomaten, als diejenige eines Arztes gespielt zu haben. Er hatte den Auftrag, die Beziehungen Russlands zu Polen regeln zu helfen [13]).

Der Leibarzt des Königs Jacob I. von England, Arthur Dee, entschloss sich im Jahre 1621 als Leibarzt des Zaren Michael Feodorowitsch in russische Dienste zu treten. Schon sein Vater, ein berühmter Mathematiker, hatte 1588 einen Ruf nach Russland erhalten, aber, obgleich ihm ein sehr hoher Lohn — 2000 Pfund — in Aussicht gestellt worden war, denselben ausgeschlagen. Arthur Dee scheint am russischen Hofe besonderes Vertrauen genossen zu haben; auch wissen wir von sehr an-

---
[10]) Richter I. 298—310.
[11]) Richter I. 310—314, 396—402, 448—455.
[12]) Richter I 316—321
[13]) Richter I 383—396.

sehnlichen Belohnungen, welche er erhielt. Er blieb zwölf Jahre in Russland ¹³).

Eine grosse Berühmtheit genoss seiner Zeit Samuel *Collins*, welcher sich einige Jahre hindurch (1652 bis 1666) am russischen Hofe als Leibarzt des Zaren Alexei Michailowitsch aufhielt und, wie man aus einer von ihm verfassten Schrift über Russland ¹⁴) ersieht, sich der besonderen Gunst des Zaren zu erfreuen hatte. Seine auf verschiedene naturwissenschaftliche Gebiete gerichtete schriftstellerische Thätigkeit fällt in die Zeit nach seinem Aufenthalte in Russland. Seiner Schrift über Russland ist eine Abhandlung über die in Russland vorkommenden Pilze und Schwämme mit Abbildungen beigefügt ¹⁵).

Aus diesen Angaben ist zu ersehen, dass die englischen Aerzte in dem Jahrhundert von Ioann IV. bis Alexei Michailowitsch in Russland eine hervorragende Rolle spielten und in der Geschichte der Medicin in Russland eine bedeutende Stellung einnahmen. Sie kamen aus einem Lande, welches in jener Zeit zwar keine eigentliche Grossmachtstellung einnahm, aber sich auf dem Gebiete des Handels und der Industrie, der Kunst, Wissenschaft und Litteratur hervorthat. Es ist das Zeitalter der Königin Elisabeth, die Epoche Shakespeares; in diese Zeit fällt die Gründung des ausgedehnten Kolonialsystems der Engländer; am Schlusse dieser Periode stehen die beiden englischen Revolutionen ¹⁶), welche der Entwickelung des Staatsrechts in der Welt wesentlichen Vorschub geleistet haben. Man darf annehmen, dass die englischen Aerzte, welche meist schon vor ihrer Reise nach Russland in ihrer Heimath sehr angesehene Stellungen eingenommen hatten und sich durch Kenntnisse und Erfahrung in ihrem Fache, sowie durch allgemeine Bildung auszeichneten, in Russland ein belebendes, anregendes Element werden dargestellt haben. Leider haben sich nur ganz wenige Angaben über die persönlichen Verhältnisse dieser englischen Aerzte, ihre Praxis, ihre Beziehungen zu den Monarchen und den Grossen in Russland erhalten. Indessen wird

---

¹³) Richter II 30—42.
¹⁴) Die Schrift führt den Titel „The present State of Russia in a Letter to a friend" und erschien im Jahre 1671. Sie ist sehr selten.
¹⁵) Richter II 276—281.
¹⁶) Die Hinrichtung Karl's I. hat bekanntlich der russischen Regierung als Vorwand gedient, die Privilegien der englischen Kaufleute in Russland aufzuheben.

man es für wahrscheinlich halten können, dass der Verkehr mit ihnen für Männer wie Ioann IV., Boris Godunow, Michail und Alexei von grosser Bedeutung, eine Art Schule gewesen sei.

Hatten die Engländer etwa ein Jahrhundert lang auch als Aerzte eine Art bevorzugter Stellung eingenommen, obgleich es auch in dieser Zeit Mediciner anderer Nationalitäten gab, so treten jetzt die Vertreter anderer Völker, u. A. Holländer und Deutsche mehr und mehr als Mitbewerber um die ärztliche Praxis in Russland auf. So nahmen denn im Zeitalter Peters und im Laufe des 18. Jahrhunderts die englischen Aerzte keine besonders wichtige Stellung ein. Sie werden der Zahl nach von den medicinischen Repräsentanten anderer Nationalitäten weitaus übertroffen. Gleichwohl begegnen uns in Russland auch in dieser Zeit einige englische Aerzte, deren Persönlichkeit und Stellung Beachtung verdienten, und von denen wir einige namhaft machen wollen.

Eine ausgezeichnete Stellung nahm in der Zeit Peters des Grossen Robert *Areskine* ein. Er stammte aus einem vornehmen Geschlecht in Schottland, hatte in Oxford studirt und war Mitglied der „Royal Society". Nach seiner Ankunft in Russland im Jahre 1706 war er zunächst Arzt des Fürsten Menschikow und alsbald Vorsteher der Apothekerbehörde; sodann wurde er Leibmedicus des Zaren (1713) und endlich (1716) zum „Archiater des Russischen Reichs und Präses der ganzen medicinischen Facultät" ernannt. Als Leibarzt des Zaren begleitete er diesen in den Jahren 1716—1717 auf dessen grossen Reise nach Deutschland, Holland und Frankreich. Es ist kein Zweifel, dass Areskine bei dieser Gelegenheit eine diplomatische Rolle gespielt habe. Als Schotte und Jacobit unterhielt er Beziehungen zu den Gegnern König Georgs I. von England. Peter hielt es für angemessen, bei der damaligen Spannung, welche zwischen Russland und England herrschte, mit den Schotten und Jacobiten zu unterhandeln. Es gab Unterredungen zwischen Areskine und Lord Marr in Paris, ferner Beziehungen zwischen Areskine und einem Hauptagenten der Jacobitenpartei, Harry Stirling u. s. w. [17]). In den Diplomatenkreisen zu St. Peters-

---

[17]) S. manche Details in Herrmann's Edition „Zeitgenössische Berichte zur Geschichte Russlands. Peter der Grosse und der Zarewitsch Alexei. Nach und aus der Correspondenz F. C. Weber's". Leipzig, 1880. S. 193, 143, 196, 148.

burg wusste man mancherlei von den Umtrieben Areskine's zu erzählen. Er scheint sogar in der Action gegen Georg I. weiter gegangen zu sein als dem Zaren lieb sein konnte. Es war kein Wunder, wenn zwischen Areskine und dem hannöverschen Residenten F. C. Weber, welcher zugleich die englischen Interessen zu vertreten hatte, eine arge Spannung bestand [28]). Areskine's wissenschaftliche Stellung gewährte ihm die Möglichkeit, zwischen Peter und den grossen Instituten in Paris zu vermitteln. So z. B. veranlasste er, dass Peter in Paris einer Staaroperation beiwohnen konnte; so gab er der französischen Akademie den Wunsch Peters zu erkennen, in die Zahl der Mitglieder dieser gelehrten Gesellschaft aufgenommen zu werden u. dgl. m. Von Areskine's ausgebreiteten literarischen und wissenschaftlichen Kenntnissen zeugt seine 4200 Bände zählende Bibliothek und sein grosses Kabinet von Conchylien und Mineralien, welche beide nach seinem Tode der Petersburger Kunstkammer einverleibt wurden. Er bekleidete den Posten eines Vorstehers des Kunstkabinets und eines Aufsehers der Bibliothek bei demselben. Ein grosses Verdienst erwarb er sich, indem er die Kaiserliche Oberapotheke vortrefflich ordnete und in Stand setzte. Manche Zeitgenossen, wie z. B. John Perry, De-la-Vie und Alexander Gordon haben über die Persönlichkeit des hervorragenden Mannes ein höchst günstiges Urtheil gefällt. Dem Zaren hat er sehr nahe gestanden. Als er 1718 in Olonez starb, vermachte er eines seiner Güter [29]) in Russland der ältesten Tochter Peters, Anna, seine Vorräthe an Leinwand und Spitzen, sowie seine reiche Sammlung von chinesischem Porzellan der Gemahlin Peters, Katharina. Peter ehrte ihn durch ein überaus prächtiges Leichenbegängniss [30]).

Eine glänzende Carrière machte *James Mounsey*, ein Schotte wie Areskine; er kam 1736 nach Russland, machte als Militärarzt den türkischen Feldzug (1737 und 1738), wie später den

---

[28]) S. u. A. die Berichte des französischen Consuls De-la-Vie im Magazin d. Kaiserlichen Historischen Gesellschaft, Bd. XXXIV. S. 344—345. Richter, III 119, stellt diese Umtriebe Areskine's in Abrede.

[29]) Bei Tschistowitsch CCCLXIX. „Gaschtel" (jetzt Gostilizy). Bei Richter III. 121. „Habschel". Bei De-la-Vie Magazin der Histor. Gesellschaft, XI. S. 3, „les principaux villages aux princesses filles du Czar."

[30]) Die eingehende Schilderung desselben bei Richter III. 122—124.

Krieg in Finnland (1740—1741) mit und behandelte u. A. im Jahre 1756 in Jarosslawl die Gemahlin des dort in der Verbannung lebenden Herzogs Johann Ernst Biron. Durch seine glücklichen Kuren gelangte er zu einer gewissen Berühmtheit, so dass er 1760 Leibarzt und Director der medicinischen Kanzlei wurde. Er behandelte die Kaiserin Elisabeth während ihrer letzten Krankheit. Sodann war er der Leibarzt Peters III., welcher ihm die Stellung eines Archiaters verlieh. Der ungewöhnlich bedeutende, ihm von Katharina II. bewilligte Ruhegehalt zeugt von dem Ansehen, das er genoss [10]).

In der Geschichte des Medicinalwesens Russlands nimmt Mounsey auch insofern eine bedeutende Stellung ein als er im Jahre 1762 eine Instruction für alle Aerzte im Reiche und einen Gesetzentwurf über die Rangordnung der Aerzte ausarbeitete.

Eine sehr hervorragende Rolle spielte, wenn auch nur kurze Zeit, der Baron Thomas *Dimsdale*. Ein russischer Magnat, der Baron Alexander Tscherkessow, welcher das besondere Vertrauen der Kaiserin genoss und die Gründung des Medicinalcollegiums veranlasste (1763), regte die Frage von der Pockenimpfung in Russland an. Tscherkessow hatte in Cambridge studiert, dort ein lebhaftes Interesse für das Studium der Medicin gewonnen. Er kam auf den Gedanken, den Baron Dimsdale, zu einer Reise nach Russland zu veranlassen, um sowohl an der Kaiserin Katharina II. selbst, als auch an dem Grossfürsten Paul die Operation der Pockenimpfung zu vollziehen. Dimsdale 1712 geboren und einer Quäkerfamilie entstammend, hatte sich schon in England um die Verbreitung der Schutzpockenimpfung verdient gemacht. Ueber seinen Aufenthalt in Russland im Jahre 1768 hat er Memoiren hinterlassen [11]). Er erhielt für die Reise nach Russland 1000 Pfund. Er schildert ausführlich, wie der Graf Panin, sodann die Kaiserin und der Grossfürst Paul ihn zuvorkommend empfangen hätten, wie die Impfoperation vorbereitet und ausgeführt wurde und wie die Kaiserin ihm bei dieser Gelegenheit ihr volles Vertrauen geschenkt habe. Dimsdale erhielt die Freiherrenwürde, kostbare

---

[10]) S Richter III, 476—477, und Tschistowitsch CCXXXIII - CCXXXV.

[11]) Die französische Handschrift befindet sich im Reichsarchiv. Eine russische, von Slobin angefertigte Uebersetzung ist im II. Bande des Magazins der Historischen Gesellschaft S. 275—322 abgedruckt.

Bildnisse der Kaiserin und Pauls. Eine lebenslänglich ihm ausgesetzte Pension von 500 Pfund scheint nach seinem Tode auch noch seinem Sohne ausgezahlt worden zu sein. Von Interesse ist Dimsdale's Erzählung, wie das Beispiel des Hofes auf die gesammte russische Aristokratie gewirkt habe, so dass das Impfen zu einer Art Modesache wurde. So musste denn Dimsdale, nach seinem Aufenthalte in Petersburg auch noch nach Moskau reisen, wo er als Impfarzt einen sehr ausgedehnten Wirkungskreis fand. Nach Petersburg zurückgekehrt und im Begriff, die Reise nach England anzutreten, entschloss sich Dimsdale noch zu bleiben, weil Katharina, welche an einer Entzündung erkrankt war, von ihm behandelt zu werden wünschte. Nach mehrmonatlichem Aufenthalte in Russland kehrte Dimsdale wieder nach England zurück. Im Jahre 1781 musste er abermals nach Petersburg kommen, um die Enkel der Kaiserin, Alexander und Konstantin, zu impfen. Die Erzählung von seinem persönlichen Verkehr mit Katharina und dem Grossfürsten Paul ist von grossem Interesse [14]).

Ein langjähriger Augenzeuge des Treibens am russischen Hofe war John *Rogerson*, welcher schon im Jahre 1766 nach Russland kam und Jahrzehnte hindurch hier weilte. Er wurde im Jahre 1769 Arzt bei Hofe und war sodann stets in der unmittelbaren Umgebung der Kaiserin Katharina. Aus mancherlei Bemerkungen in den Memoiren und Briefen jener Zeit erfahren wir, wie viel Gemüth, gute Laune, Geist und Witz in dem Verkehr zwischen der genialen Kaiserin und ihrem Leibarzte herrschte. Katharina verhielt sich aller ärztlichen Kunst gegenüber sehr skeptisch und machte sich häufig über die Aerzte lustig. Auch über politische Fragen pflegte sie sich mit Rogerson zu unterhalten, wie sie denn u. A. ihn, als Engländer, in Veranlassung des Verlustes der amerikanischen Kolonien aufzog, gelegentlich im Gespräch mit ihm der russisch-englischen Beziehungen erwähnte u. dgl. m. Wie sehr Rogerson überhaupt in den Kreisen der russischen Aristokratie beliebt und angesehen war, erfahren wir aus seinen Bezie-

---

[14]) Es ist in hohem Masse auffallend, dass Tschistowitsch in seinem Arztverzeichnisse Dimsdale's nicht erwähnt. Eine kurze Darstellung des Vorganges beim Impfen der Kaiserin Katharina II. s. in meinem Buche über Katharina II S. 538—539.

hungen zu den Grafen Woronzow. Eine durch Jahrzehnte sich fortsetzende Reihe von Briefen, welche Rogerson an den russischen Gesandten in England, Grafen Ssemion Romanowitsch, richtete, und welche vor Kurzem veröffentlicht wurde [14]), darf als eine der wichtigsten Quellen zur Geschichte der letzten Regierungsjahre Katharinas, der Zeit Pauls und der ersten Jahre der Regierung Alexanders bezeichnet werden. Ueber die persönlichen Verhältnisse Rogersons erfahren wir daraus nicht sehr viel; indessen ist doch auch hier und da seiner Beziehungen zu den allerhöchsten Personen, seiner Güter u. dgl. erwähnt.

Andere englische Aerzte, welche während des 18. Jahrhunderts längere oder kürzere Zeit in Russland gewirkt haben, sind weniger hervorragend in ihrer Stellung gewesen, und es ist wohl nicht Zufall, dass sich nur ganz wenige Nachrichten über ihre Thätigkeit erhalten haben. Immerhin mögen einige derselben hier Erwähnung finden. So z. B. nahm ein Engländer, Richard Lee, bei der verwittweten Zarin Praskowja Feodorowna, Schwägerin Peters des Grossen, die Stellung eines Hofchirurgus ein [15]); so unterrichtete Lewis Colderwood an der Moskauer Hospitalschule sehr erfolgreich und war Hofarzt unter Anna [16]). So kamen während der Regierung der Letzteren James Grieve, Francis Deese und Thomas Humphrey nach Russland und waren als Militärärzte während des Türkenkriegs thätig. Eine Anzahl von englischen Aerzten tauchte in der letzten Zeit der Regierung Katharina II. auf: Brown, North-Vigor, James Wilie, Holloway, Hunt, Cayley, Stuart u. s. w., ohne dass wir über ihre Thätigkeit irgend Erhebliches mitzutheilen wüssten.

---

[14]) Archiv d. Fürsten Woronzow Bd. XXX.
[15]) Richter III, 189 Tschistowitsch erwähnt Lee's nicht.
[16]) Tschistowitsch CLXXI. Bei Richter nichts über ihn.

IV.
Holländer.

Nicht ohne Grund hatte der Leibarzt des Zaren Alexei Michailowitsch, Samuel Collins, in seiner Schrift über Russland darüber geklagt, dass die Holländer überall als Nebenbuhler der Engländer aufträten. Kaum hatten die Engländer die Fahrstrasse zur See in den Norden Russlands entdeckt und regelmässige Handelsbeziehungen mit Russland angeknüpft, so erschienen auch holländische Kaufleute in Russland. Und es gelang den letzteren im Laufe des 17. Jahrhunderts den Engländern den Rang abzulaufen. Während der zweiten Hälfte dieses Jahrhunderts spielten die Holländer im auswärtigen Handel Russlands die Hauptrolle. In Moskau lebte ein holländischer Resident, welcher in aller Weise die Interessen seiner in Russland lebenden Landsleute wahrnahm. Auch die diplomatischen Beziehungen zwischen Russland und Holland waren lebhaft.

So war es denn nicht zu verwundern, wenn es auch eine bedeutende Anzahl holländischer Aerzte in Russland gab. Wir machen einige derselben namhaft. Doctor Valentin Byls kam im Jahre 1615 nach Russland. Seine Stellung während der Regierung Michail Feodorowitsch's war so günstig, dass er bis an seinen Tod (1633) in Russland blieb. Doctor Hiob Polidanus wurde im Jahre 1616 aus Holland nach Russland berufen und mit Auszeichnung und Freigiebigkeit empfangen. Es scheint, dass Heimweh im Jahre 1621 seine Rückkehr nach Holland veranlasst habe; indessen kam er im Jahre 1627 zum zweitenmal nach Moskau und starb hier nach Verlauf von einigen Jahren [17]).

Einer weniger guten Aufnahme hatte sich Quirinus Bremburg zu erfreuen, welcher 1626 nach Russland kam, ohne einen Ruf dorthin erhalten zu haben. Er trat mit einer gewissen Anmassung auf, pries sein Wissen und Können und reichte ein einigermassen wunderliches, von Ruhmredigkeit strotzendes Gesuch um eine Anstellung ein [18]). Er erreichte sein

---
[17]) Richter II, 22—29
[18]) Richter II. 48 ff. theilt die recht interessanten Actenstücke, welche aus Bremburg's Feder stammen, im Auszuge mit.

Ziel nicht. Olearius erzählt folgende Episode, welche dem Aufenthalte Bremburgs in Russland ein Ende machte. Er hatte in seinem Zimmer ein Gerippe hängen. Als er einst „als ein Mensch von lustigem Gemüthe", wie Olearius ihn nennt, in seinem Zimmer sass und die Laute spielte, glaubten die draussenstehenden Strelzy durch einen Spalt in der Thüre wahrnehmen zu können, dass das Skelett sich nach der Musik bewege. Der Zar und der Patriarch erfuhren davon und schickten Leute hin, um den seltsamen Thatbestand zu constatiren. Diese bestätigten die Aussage der Strelzy; die Russen waren allen Ernstes gesonnen, den „Balbier", wie Olearius den Quirinus Bremburg nennt, zusammen mit seinem Todten zu verbrennen. Um einem solchen Schicksale zu entgehen, ersuchte Bremburg einen angesehenen deutschen Consul, welcher bei Hofe Einfluss hatte, das Gerücht zu widerlegen und den Nutzen der Skelette bei dem Studium der Medicin zu erläutern. Die Bewegungen des Skeletts wurden durch den Zugwind erklärt [19]). Quirinus Bremburg kam mit heiler Haut davon, aber die russische Regierung nahm die Veranlassung wahr, den ungerufenen Ankömmling ausser Landes zu verweisen.

Auch ein anderer Mediciner aus Holland, Reinhard Pauw, welcher mit einem Empfehlungsschreiben des Prinzen Heinrich von Nassau-Oranien nach Moskau kam (1637), hatte keinen Erfolg. Er erhielt zwar eine Anstellung mit entsprechender Besoldung, indessen wurde er wenige Jahre später, wie es scheint, in Folge einiger missglückter Kuren wieder entlassen [40]). Personen, welche nicht ausdrücklich von der russischen Regierung angeworben, sondern auf eigene Initiative ins Land kamen, erhielten häufig selbst dann keine Anstellung, wenn sie sich der Protection hoher Herren erfreuten, wie denn z. B. auch ein Doctor Matthias Demius trotz eines Empfehlungsschreibens des Prinzen Moritz von Oranien unverrichteter Sache nach Holland zurückkehren musste [41]).

Man weiss, wie viel Anregung das holländische Element in Russland den höheren Kreisen der russischen Gesellschaft während der zweiten Hälfte des 17. Jahrhunderts darbot. Der hol-

---

[19]) Olearius. Ausgabe v. 1663, S. 185—186.
[40]) Richter II. 79—84.
[41]) Richter II. S. 118—119.

ländische Resident Baron von Keller stand in freundschaftlichem Verkehr mit dem Fürsten Wassilij Wassiljewitsch Golizyn, welcher in der Zeit der Regentschaft der Prinzessin Sophie die Stellung eines ersten Ministers einnahm. Er bewirthete wiederholt den Zaren Peter in seinem gastlichen Hause. Die Erzählungen des russischen Diplomaten Dolgorukij, welcher 1687 auf seiner Reise nach Paris in Holland geweilt hatte, mögen dazu beigetragen haben, dass Peter den lebhaften Wunsch empfand, das Land selbst kennen zu lernen. Holländische Schiffsbaumeister, wie Brant und Timmermann, sind in dieser Zeit Peters Lehrer gewesen. In diesem Zusammenhange erscheint es beachtenswerth, dass ein Holländer, Zacharias *van der Hulst*, mehrere Jahre hindurch Peters Leibarzt gewesen ist[*]). Aus Patrick Gordon's Tagebuche und anderen Quellen wissen wir mancherlei von der angesehenen Stellung, welche van der Hulst, welcher übrigens schon 1694 starb, in der Gesellschaft und bei Hofe einnahm[**]).

Die Reise, welche Peter im Jahre 1697 nach Westeuropa unternahm, hatte in erster Linie den Zweck, die russische Flotte zum Kampfe gegen die Türken dadurch in Stand zu setzen, dass Peter und dessen Genossen die Schiffsbaukunst gründlich erlernten, das nöthige Material für den Schiffsbau erwarben und eine grosse Anzahl von Technikern, Offizieren, Matrosen und — Wundärzten zum Eintritt in russische Dienste veranlassten. Das Hauptreiseziel waren die Niederlande. Hier verweilte Peter besonders lange. Hier wurde eine sehr grosse Anzahl von Chirurgen für die russische Armee und die russische Flotte angeworben. Ein beträchtlicher Theil dieser Männer bestand aus Holländern. Es waren u. A. folgende: Jan Dierchse Haskus, welcher sechs Jahre auf der holländischen Flotte gedient hatte und in Ostindien gewesen war, Jacobus Plaatman aus Amsterdam, welcher vierzig Jahre auf der Kriegsflotte gedient und weite Reisen, z. B. nach Westindien unternommen hatte, Rembrant Huyson, Hubertus van Hoeghen, Coenradt Nuyts, Peter Schiot, Goris von der Hoeghen, Abraham van Huysum, Gottfried van Wessen, Gerritt van der Weer, Dietrich van der Hulst, Willem van Eych, Hermann von der

---

[*]) Richter II. 392.
[**]) Mancherlei Notizen finden sich u. A. auch in Ustrjalow's Geschichte Peters des Grossen.

Noot, Jan Ravestyn u. A. Man muss annehmen, dass Männer von gründlichem Wissen, von grosser Erfahrung, Leute, welche die Welt gesehen hatten, in den holländischen Kolonien in Amerika und Asien gewesen waren, in Russland ein belebendes, anregendes Element werden dargestellt haben. Indessen ist über die Stellung und Thätigkeit dieser holländischen Chirurgen in Russland so gut wie nichts bekannt geworden.

Ganz anders verhält es sich mit der Wirksamkeit eines Mannes, welcher als praktischer Arzt wie als Lehrer auf dem Gebiete der Medicin in Russland längere Zeit hindurch eine hervorragende Stellung einnahm. Es ist Doctor Nicolaus *Bidloo*, welcher im Jahre 1702 nach Russland berufen wurde und hier bis an seinen im Jahre 1735 erfolgten Tod unermüdlich thätig war. Bidloo's Vater war ein berühmter Anatom und nahm die Stellung eines Professors an der Universität Leyden ein. Sein Oheim, welcher zu Amsterdam lebte, genoss den Ruf eines hervorragenden Botanikers. Nachdem Nicolaus Bidloo als Leibarzt Peters einige Zeit gewirkt hatte, was bei den vielen Reisen des Monarchen in der ersten Zeit des Nordischen Krieges mit vielen Beschwerden und Mühseligkeiten verbunden war, äusserte er den Wunsch sich einer andern Thätigkeit zu widmen. Er veranlasste im Jahre 1706 die Gründung eines grossen Militärhospitals in der alten Hauptstadt, und diese Anstalt ist zugleich als die erste medicinische Schule in Russland von der allergrössten Bedeutung für die Verbreitung medicinischer Kenntnisse im Reiche geworden. Als Leiter dieser Anstalt erwarb sich Bidloo die grössten Verdienste. Auch sonst zeichnete sich Bidloo durch vielseitige Bildung und Talente aus. Er war Musikkenner, hatte ein lebhaftes Interesse für die Schauspielkunst, verstand sich darauf Gartenanlagen und Baurisse zu entwerfen, Wasserkünste anzulegen u. dgl. m. Solche Männer konnte Peter gebrauchen. Kein Wunder, dass der persönliche Verkehr des genialen Herrschers mit Bidloo ein sehr lebhafter war, dass der erstere bei dem letzteren oft und gern verweilte, bisweilen halbe Nächte mit ihm verplaudernd [*]

In dem Moskauer Hospital hat Bidloo eine grosse Anzahl von

---

[*] Mancherlei Angaben über Bidloo finden sich in Bergholz' Tagebuch, welches in Büschings Magazin f. Gesch. und Geogr. Bd. XX. ff abgedruckt ist.

jungen Aerzten gebildet. Den bei der Anstalt thätigen Doctoren wurden Chirurgen, diesen Subchirurgen und endlich Lehrlinge beigesellt; man lernte in Moskau unter Bidloo's Leitung die lateinische Sprache, die Zeichenkunst, medicinische Hilfswissenschaften **). Professor Tschistowitsch hat in seinem Werke über die Geschichte der medicinischen Schulen in Russland eine Fülle von Einzelheiten über Bidloo's Thätigkeit mitgetheilt und u. A. auch dargethan, wie dieser Mann, gleich ausgezeichnet als Gelehrter und Lehrer, wie als Administrator, es verstanden habe, gegen alle Schwierigkeiten, welche sich der Entfaltung seiner Hospitalschule entgegenstellten, anzukämpfen **). Bidloo that das Mögliche, indem er selbstverständlich die Krankenhäuser und Schulen seines Heimathlandes, Hollands, zum Muster nahm. Es war der ausgezeichneten Persönlichkeit Bidloo's, seiner Humanität, seinem pädagogischen Tact zu danken, wenn es, so lange er an der Spitze des Moskauer Krankenhauses stand, nicht an Schülern fehlte. Das änderte sich, sobald die Verwaltung der Schule nach Bidloo's Tode, in andere Hände überging. Bidloo war in Moskau eine überaus beliebte Persönlichkeit und erfreute sich einer aussergewöhnlichen Popularität. Er gehört unbedingt zu den grössten ärztlichen Notabilitäten, welche jemals in Russland thätig gewesen sind.

Auf seiner Reise nach Holland (1697) hatte Peter der Grosse zu Leyden den berühmten Anatomen Boerhaave kennengelernt. Zwei Neffen Boerhaave's, Hermann Kaau-Boerhaave und Abraham Kaau-Boerhaave sind sodann während der Regierung der Kaiserin Elisabeth längere Zeit als Aerzte in Russland thätig gewesen. Als Lestocq im Jahre 1748 in Ungnade fiel und verbannt wurde, ernannte die Kaiserin den Doctor Hermann Kaau-Boerhaave zu ihrem Leibarzt; er bekleidete diese Stelle bis an seinen im Jahre 1753 erfolgten Tod und erfreute sich allgemeiner Beliebtheit. Abraham Kaau-Boerhaave, welcher das Unglück hatte im Alter von 21 Jahren im Jahre 1736 sein Gehör völlig einzubüssen, erfreute sich einer so grossen Berühmtheit als Gelehrter, dass ihn die Kaiserliche Akademie

---

**) Richter III. 15 ff
**) m. Abhdlg. über Tschistowitsch's Buch in der Russischen Revue Bd XXVI. S 214

der Wissenschaften in St. Petersburg, noch als er im Haag weilte (1744), zu ihrem Mitgliede ernannte. Im Jahre 1747 kam er nach Russland, wo er den Lehrstuhl der Anatomie und Physiologie an der Akademie einnahm und zugleich bis an seinen im J. 1758 erfolgten Tod als praktischer Arzt thätig war, wobei ihn, wegen seiner Taubheit, ein Gehülfe als Dolmetscher unterstützte. Seine literarisch-wissenschaftliche Thätigkeit war sehr ausgebreitet [47]).

Es gab im 18. Jahrhundert noch einige andere holländische Aerzte in Russland, wie z. B. Duca Botmann, welcher zu Anfang der Jahrhunderts auf der russischen Flotte diente, Jean Hovy, welcher als Leibchirurgus den Zaren Peter auf vielen Reisen begleitete und noch in der Regierungszeit Peters II. und Anna's thätig war [48]), Paulus Gnyongyossi a Pettenij, welcher in der Zeit Elisabeths an der Moskauer Hospitalschule wirkte und sich zugleich mit sprachwissenschaftlichen Studien beschäftigte [49]), ferner Stahlberg, Richard, de Gorter u. A. [50]). Auch unter den in Russland wirkenden Apothekern gab es Holländer, so z. B. Classen, welcher lange vor dem Engländer Frencham als Apotheker in Russland wirkte, Johann Godseni, welcher 1616 zugleich mit dem bekannten holländischen Diplomaten Massa nach Russland kam, Gabriel Sauls (in der ersten Hälfte des 18. Jahrhunderts) u. A.

V.

Franzosen, Italiener, Griechen, Ungarn, Polen.

Zwischen Russland und Frankreich bestanden bis zum 18. Jahrhundert keine irgend lebhaften diplomatischen oder Handelsbeziehungen. Peters Besuch in Paris im Jahre 1717 hat darin Einiges geändert. Sodann standen Russland und Frank-

---

[47]) Richter III. 424—436
[48]) Richter III. 178—180
[49]) Tschistowitsch CLIV—CLV.
[50]) Zweier holländischer Aerzte, welche durch Handelsgeschäfte und Wucher reich wurden, erwähnt Weikard in einem Schreiben an Zimmermann; Marcard, Zimmermann's Verhältnisse zu der Kaiserin Katharina II. Bremen. 1803. S 126.

reich eine Zeitlang im Kampfe gegen Friedrich II. zusammen. Nachher trat wieder ein kühles Verhältniss ein; in der Zeit der französischen Revolution gab es sogar eine arge Spannung. Gleichwohl war während des ganzen 18. Jahrhunderts der Kultureinfluss Frankreichs auf Russland an Intensität im Steigen begriffen. Die höheren Stände der russischen Gesellschaft wurden im Laufe der zweiten Hälfte des 18. Jahrhunderts zu Halbfranzosen. Die Zahl der in Russland lebenden Franzosen war bis gegen das Ende dieses Jahrhunderts nicht besonders erheblich und stieg erst in der Zeit, da die Emigranten in der Revolutionszeit vorzugsweise in Russland ein Asyl zu suchen begannen. Dagegen sind die Reisen der Russen nach Frankreich von grosser Bedeutung für die Ausdehnung des geistigen Horizonts der russischen Aristokratie geworden.

Die Zahl der französischen Aerzte, welche in Russland einen Wirkungskreis fanden, ist sehr gering. Auch treten uns in dieser Gruppe keine besonders hervorragenden Persönlichkeiten entgegen. Wir beschränken uns daher auf kurze Andeutungen über diesen Gegenstand.

Erst gegen das Ende des 17. Jahrhunderts kommen die ersten französischen Mediciner nach Russland. Der Arzt Paul Citadin, welcher schon zu Ende des 16. Jahrhunderts sich in russischen Diensten befand und wegen dessen der König Heinrich IV. an den Zaren Feodor Ioannowitsch ein Schreiben richtete, soll nämlich kein Franzose, sondern ein Italiener und aus Mailand gebürtig gewesen sein. Richter hält daher für wahrscheinlich, dass dieser Arzt nicht Citadin, sondern Cittadini geheissen habe [11]). Da er aber am französischen Hofe Verwandte und Freunde gehabt haben soll und nach Frankreich zurückzukehren wünschte so mag die Frage von seiner Nationalität um so eher offen bleiben, als sich sonst keine Nachrichten über die Thätigkeit dieses Mannes in Russland erhalten haben.

Auffallend erscheint es, dass unter den im J. 1697 hauptsächlich von dem Admiral Cornelius Cruys für den russischen Dienst angeworbenen Chirurgen uns so sehr viele Franzosen begegnen, obgleich die Unterhandlungen mit diesen Militärärzten in Holland gepflogen wurden. Da sind u. A.

---

[11]) Richter I. 323.

Philippe Morantier de Laramée, welcher bei dem Herzog von Savoyen gedient hatte und erst vier Monate vor seinem Eintritt in russische Dienste nach Amsterdam gekommen war, Joseph Scaylier, welcher als Chirurg in Spanien, Frankreich, Rom und Venedig thätig gewesen war, Iean Ingou, welcher auf der englischen Flotte, Pierre Mourgues, welcher in Holland gedient hatte; ferner Philippe Sanisson, Jacques Brien, Pierre Marteilhe, Pierre Germain, Etienne Neaux, Iean Gouy, Miliaud, Sanfouches u. s. w. Die meisten dieser Männer hatten auf der holländischen Flotte gedient und waren nun bereit, nach Russland auszuwandern oder wenigstens einige Jahre in der russischen Armee zu dienen. Indessen haben sich über das Leben und Wirken dieser Männer keine Nachrichten erhalten [1]).

Ein hervorragender Gelehrter war Duvernoy, 1691 in Montbéliard geboren, Doctor der Tübinger Universität. Er wurde 1725 als Anatom und Physiolog an die St. Petersburger Akademie berufen, wo er über ein reiches Material an Menschen- und Thierleichen verfügte und erfolgreiche Studien auf dem Gebiete der vergleichenden Anatomie machte. Dass er während seines bis zum Jahre 1741 währenden Aufenthaltes in Russland zugleich als praktischer Arzt thätig gewesen sei, erscheint um so wahrscheinlicher, als er, nachdem er sich im Jahre 1741 nach Württemberg zurückzog, sich dort noch einige Zeit der Praxis widmete [2]). Im Jahre 1741 kam der Chirurg Fussadié nach Russland. Er erhielt einen Dienst bei Hofe im Jahre 1746. Später war er Leibarzt des Grossfürsten Paul und endlich, im Jahre 1770 erster Leibchirurgus [3]). Poissonnier wurde im Jahre 1759 als Leibarzt mit einem sehr hohen Gehalt angestellt, doch ist von seiner späteren Thätig-

---

[1]) Der französische Consul de-la-Vie kam 1715 nach Russland. In seinen von der Historischen Gesellschaft zu St. Petersburg herausgegeben Berichten ist keines einzigen dieser ein Paar Jahrzehnte früher in russische Dienste getretenen französischen Aerzte erwähnt. Das Verzeichniss s. b. Richter II 428—433.

[2]) Tschistowitsch CLXII—CLXIII.

[3]) Richter III. 494. Dimsdale erwähnt seiner (Magazin d. Hist. Ges. II. 312), indem er bemerkt, Fussadié sei stets bei Paul gewesen, von dessen Geburt an.

keit nichts bekannt ⁴⁴). Die beiden Aerzte, Ignace François Dijols aus Montpellier und Adolphe Lefleur, kamen im J. 1787 nach Russland und hatten ihren Wirkungskreis im Innern des Reiches, der erstere in Kursk, der andere in Polozk. Jean Guémart Delavapierre gehörte zu den von dem Terrorismus in Frankreich ins Ausland vertriebenen Emigranten. Er kam 1791 nach Russland und trat in die Dienste russischer Magnaten, zuerst des Fürsten Trubezkoi, dann des Fürsten Golizyn u. s. w. Von Fousanier de Lagarenne's Thätigkeit, welcher 1796 nach Russland kam, ist uns nichts bekannt.

Auch die italienische Kolonie in Russland lässt sich mit der Bedeutung der Holländer, Engländer und Deutschen nicht vergleichen. Es begegnet uns unter den ausländischen Aerzten in Russland eine Anzahl Italiener, indessen findet sich unter diesen keine eigentlich hervorragende Persönlichkeit. Es haben sich über die Thätigkeit der italienischen Aerzte nur ganz kurze Notizen erhalten.

Wenn wir jenen bereits oben erwähnten Paul Citadin ausnehmen, welcher, wie bemerkt wurde, vielleicht der Gruppe der italienischen Aerzte beizuzählen ist, so ist der früheste italienische Arzt in Russland Calcani aus Venedig, welcher 1697 von den russischen Gesandten Lefort und Golowin zum Eintritt in die russischen Dienste veranlasst wurde ⁴⁶). Arrunzio Giovanni Azzariti aus Apulien wurde, nachdem er seine medicinischen Studien in Padua absolvirt hatte, von einem russischen Diplomaten, Sawwa Ragusinskij, im Jahre 1721 für das medicinische Lehrfach in Russland angeworben. In der Zeit der Regierung der Kaiserin Anna nahm Azzariti als Militärarzt an dem türkischen Kriege Theil; er wurde wegen eines Dienstvergehens abgesetzt und verlor sogar das Recht der Privatpraxis in Russland, wo er indessen bis an seinen im Jahre 1749 erfolgten Tod blieb ⁴⁷). Ebenso wenig ist von Baeni zu sagen, welcher 1730 in russische Dienste trat, von Giambattista Vandini, welcher gegen Ende der Regierung

---

⁴⁴) Tschistowitsch CCLIV spricht von 5000 Rbl. jährlich, 1 Rbl. damals ist mehreren Rubeln heute gleichzuachten, daher ist diese Angabe zweifelhaft.

⁴⁶) Richter II 420.

⁴⁷) s. d Einzelheiten, welche übrigens kein besonderes Interesse darbieten, bei Tschistowitsch S. LXVII—LXIX.

Elisabeths nach Russland kam, hier keinen rechten Erfolg hatte und seine Thätigkeit sehr bald einstellen musste, von Mira, welcher aus Lucca stammte und in der Zeit Katharina II. in russische Dienste trat, wobei er sich einer gewissen Protection von Seiten Potemkins erfreute, von den Flottenärzten Spedicati und Debout, von Ballioli, Staë, Domenicis, Musalo u. A.

Eine unvergleichlich grössere Bedeutung haben die griechischen Aerzte in Russland. Sie sind an Zahl den Italienern überlegen, und einige von ihnen haben Russland sehr wesentliche Dienste geleistet. Fast alle Griechen, welche nach Russland kamen, um hier als Mediciner zu wirken, haben in Westeuropa studirt, und zwar die meisten derselben in Italien, andere in Deutschland, Holland u. dgl. m. So ist denn ihre Nationalität nicht immer eine stark ausgeprägte zu nennen. Sie sind Kosmopoliten. Am Wenigsten erinnert der Habitus dieser griechischen Aerzte an jene weit zurückliegende Epoche, da das mittelalterliche Byzanz die Hauptkulturquelle für Russland darstellte. Sie repräsentiren nicht irgendwie ein orientalisches Element, obgleich sie dem türkischen Reiche entstammen. Ihre wissenschaftliche und literarische Thätigkeit lässt sie als Zöglinge Westeuropa's erscheinen. Wo anders als in den Hochschulen des Westens hätten auch diejenigen, welche Konstantinopel, Thessalonien, Macedonien u. s. w. ihre Heimath nannten, sich für den ärztlichen Beruf ausbilden sollen?

Vermuthlich ist ein gewisser Markus, welcher sich als Arzt im Jahre 1523 am Hofe des Grossfürsten Wassilij Ioannowitsch befand, ein Grieche gewesen. Er war aus Konstantinopel nach Russland gekommen und der Sultan Soliman verlangte, dass man ihn dorthin zurückreisen lassen sollte. Da indessen jener Arzt eben zu dieser Zeit in Nowgorod den Fürsten Alexander Wladimirowitsch Rostowskij behandelte, so wurde das Ansuchen des Sultans Soliman damals abgelehnt [18]). Mehr wissen wir von diesem Arzte nicht.

Im Jahre 1690 kam der aus Cephalonien gebürtige, in Padua ausgebildete Doctor Jacob Pelarino nach Russland. Er hatte einige Jahre als Leibarzt bei dem wallachischen Fürsten Schtscherban Kantakuzen in Bukarest gedient, entschloss sich,

---

[18]) Richter II. Beilagen S. 177—178.

einem Rufe nach Russland zu folgen, blieb aber nur kurze Zeit hier und ging sodann als venetianischer Consul in die Levante. Es ist erwähnenswerth, dass Pelarino zu den ersten Medicinern gehörte, welche die Einimpfung der Pocken zu verbreiten suchten [19]).

Eustachius Placicus, ein Grieche, in Konstantinopel geboren, hatte längere Zeit in Polen und Danzig gelebt, ehe er im Jahre 1706 in Russland als Arzt bei der Apothekerbehörde angestellt wurde. Von seiner Thätigkeit in Russland ist nichts bekannt [40]). Bedeutender war der in Venedig geborene Grieche Antonius Sevasto, welcher in Padua studiert hatte und 1708 auf Grund eines mit dem russischen Gesandten in Polen, Fürsten Dolgorukij, geschlossenen Vertrages nach Russland kam. Er verwaltete längere Zeit das Petersburger Landhospital und wurde 1738 in die Ukraine gesandt, wo damals bei den gegen die Türken im Felde stehenden russischen Truppen die Pest wüthete. Er verfasste sehr eingehende Berichte über diese Epidemie in lateinischer und in italienischer Sprache [41]). Georgius Polikala, ein in Italien geborener Grieche, fungirte einige Jahre als Arzt bei dem russischen Gesandten in Konstantinopel, Tolstoi; sodann kam er 1711 nach Russland und wurde von Peter dem Grossen zum Leibarzt Katharina's ernannt. Als im Jahre 1721 der Nystädter Frieden geschlossen wurde, musste Polikala nach Konstantinopel reisen, um der türkischen Regierung von diesem Ereigniss officielle Mittheilung zu machen. Im Jahre 1725 zog er sich nach Italien zurück [42]).

Eine hervorragende Persönlichkeit scheint Doctor Michael Schendo *von der Bech* gewesen zu sein, welcher im Jahre 1723 als Oberarzt am Petersburger Landhospital angestellt wurde. Er war aus Macedonien gebürtig, hatte in Padua studiert und in österreichischen Diensten gestanden. Nachdem er sodann als Leibarzt beim Wallachischen Fürsten Maurokordatos thätig gewesen war, kam er nach Russland. Seine zahlreichen Schriften zeugen von grosser Gelehrsamkeit und Vielseitigkeit. Er stellte u. A. die literarischen Verhältnisse Russlands dar, pries die

---

[19]) Richter II. 386—390.
[40]) Richter III. 124—125 Bei Tschistowitsch ist seiner nicht erwähnt.
[41]) Richter III. 126 ff.
[42]) Richter III. 131—133. Tschistowitsch weiss von Polikala nichts.

Verdienste Peters des Grossen um die Civilisation. Auch seine medicinischen Schriften verschafften ihm ein gewisses Ansehen. Von Interesse ist seine Liebhaberei für Alterthümer und Numismatik. Man erzählte, dass Biron, welcher die reiche Münzsammlung Schendo von der Bech's zu erwerben wünschte, die Verbannung desselben nach Sibirien veranlasste, so dass der Unglückliche erst nach Birons Sturz seine Freiheit wiedererhielt⁴³).

Matthias Mineat, welcher 1707 in russische Dienste trat, war zuerst Militärarzt in der Armee, sodann im Admiralitätshospital. Seine Obliegenheiten bestanden u. A. auch in gerichtsärztlichen Sectionen und darin, dass er die in russische Dienste tretenden Mediciner einer Prüfung zu unterwerfen hatte. Seine Thätigkeit währte Jahrzehnte hindurch, so dass er noch an dem türkischen Kriege (1736—39) Theil nehmen konnte, wobei er bei der in der russischen Armee grassirenden Pest eine sehr nützliche Thätigkeit entfaltete und einen eingehenden Bericht über die Epidemie verfasste⁴⁴).

Ein Quasigrieche war Anthonius *de Theyls*, welcher in Konstantinopel geboren und sich zur griechischen Religion bekennend, in Padua studirt hatte und sodann als Arzt bei dem russischen Diplomaten, Baron Schafirow fungirte, worauf er (1714) nach Russland reiste. Hier wusste er sich ein gewisses Ansehen zu verschaffen, was daraus zu entnehmen ist, dass er im Jahre 1735 nach Bidloo's Tode zum Oberarzt an dem Moskauer Hospital ernannt wurde. Hatte aber Bidloo, wie wir oben bemerkten, als Leiter der Hospitalschule, sehr erfolgreich gewirkt, so erschien de Theyls, von dessen Charaktereigenschaften sich sehr ungünstige Angaben erhalten haben, dieser Aufgabe nicht gewachsen, so dass das Institut herabkam, und de Theyls nicht lange in diesem Amte verblieb. Gegen das Ende seines Lebens bekleidete er den Posten eines Stadtphysikus in Moskau⁴⁵).

Im Gegensatze zu de Theyls war der Grieche *Panaiota Condoidi*, welcher zuerst als Militärarzt in der Armee Münnichs

---

⁴³) Richter III. 172—177.
⁴⁴) Tschistowitsch CCXXIX—XXXI.
⁴⁵) Tschistowitsch CLVII—CLIX. Da ein grosser Theil des Tschistowitsch'schen Buches der Geschichte der Moskauer Hospitalschule gewidmet ist, so finden sich auch im Haupttheil viele Angaben über de Theyls

und später als Director der medicinischen Kanzlei thätig war, eine ungemein beliebte Persönlichkeit. Insbesondere um das medicinische Schulwesen hat sich Condoidi grosse Verdienste erworben ⁶⁷). Er veranlasste die Uebersetzung wichtiger medicinischer Werke ins Russische und die Absendung einer beträchtlichen Anzahl junger Russen ins Ausland zum Zweck der medicinischen Ausbildung ⁶⁸).

Eine geringere Bedeutung hatten andere griechische Aerzte, wie z. B. Cheladius (1715 ff.), Dimachi (1710 ff.), Diamantus Demetrii Petala a Bryll (1754 ff.), dessen werthvolle medicinische Bibliothek nach seinem Tode in den Besitz der medicinischen Kanzlei überging, Anastasius Nika (1755 ff.), die Brüder Gorgoli, Krutta, Skiadan u. A.

Ganz unbedeutend ist die Anzahl der ungarischen Aerzte. Von Christophorus Rietlenger, welcher in der Zeit Boris Godunow's thätig war, bemerkt ein Zeitgenosse, er sei „ein wohlversuchter Mann und ein guter Medicus und vieler Sprachen kundig". Auch sonst giebt es Zeugnisse von seiner grossen Gelehrsamkeit, ohne dass wir über seine Thätigkeit in Russland etwas Genaueres wüssten⁶⁹). Einige aus Ungarn stammende Mediciner kamen im 18. Jahrhundert nach Russland, so z. B. Fabri, Keresturi, *Pekken*. Indessen hat sich nur der letztere besondere Verdienste um die neue Heimath erworben, insofern er die erste russische Pharmakopöe und ein populärmedicinisches Buch für's Haus herausgab⁶⁹), welches später auch in russischer Uebersetzung erschien ⁷⁰).

Auch die polnischen Aerzte sind kaum erwähnenswerth. Es ist zu beachten, dass trotz der stetigen nahen Beziehungen Russlands zu Polen während der letzten Jahrhunderte, trotz des starken Einflusses, welchen die kleinrussische Intelligenz auf Russland übte, nachdem sie selbst den polnischen Anregungen so viel verdankt hatte, bis in die letzten Jahre des 18. Jahrhunderts uns gar keine polnischen Aerzte in Russland begegnen. Dann erst — offenbar hängt dies mit den letzten

---

⁶⁷) u. A. Tschistowitsch S 227 und 266.
⁶⁸) Richter III. 439—440, Note
⁶⁹) Richter I. 372—374.
⁶⁹) Richter III. 488—489.
⁷⁰) Tschistowitsch CCL.

Theilungen Polens zusammen —, in der letzten Zeit der Regierung Katharina's und nach der Thronbesteigung Pauls beginnt der Eintritt polnischer Mediciner in russische Dienste, ohne dass wir über die Thätigkeit dieser Männer (z. B. Fokkelmann, Konopka, Lawrinowitsch, Justinianus Savy, Jassinskij, Plossinskij u. A.) irgend Nennenswerthes zu sagen wüssten.

VI.
Deutsche.
1. Ausländer.

Waren es im 16. Jahrhundert und auch wohl noch in der ersten Hälfte des 17. Jahrhunderts Engländer und Holländer, welche das Hauptcontingent zu dem ärztlichen Personal in Russland stellten, so gelangte im Laufe des 17. und noch mehr im Laufe des 18. Jahrhunderts das deutsche Element zu immer grösserer Bedeutung. Um sich das, wenn möglich auch in Ziffern auszudrückende Uebergewicht der deutschen Aerzte zu vergegenwärtigen, muss man den Versuch machen, diese deutschen Aerzte in verschiedenen Gruppen zu betrachten.

Die wichtigste dieser Gruppen wird von denjenigen Aerzten gebildet, welche direkt aus Deutschland nach Russland berufen wurden und hier kürzere oder längere Zeit thätig sind.

Eine zweite Gruppe bilden die Aerzte, welche den Ostseeprovinzen entstammen. Es gab deren auch vor der Annexion Esthlands und Livlands durch Peter den Grossen; indessen fassen wir diese Gruppe im 17. und 18. Jahrhundert zusammen, obgleich die im 17. Jahrhundert nach Russland aus den Ostseeprovinzen einwandernden Aerzte im Grunde ebenso aus dem Auslande kommen, wie diejenigen, deren Heimath das eigentliche Deutschland war.

Zu einer dritten Gruppe gehören diejenigen Deutschen, welche in Russland geboren, sich dem ärztlichen Berufe widmeten und zwar in den meisten Fällen in Deutschland oder in anderen Ländern Westeuropa's studirten. Da nun, insbesondere im 18. Jahrhundert, die Zahl der in Russland lebenden Deutschen besonders beträchtlich war, so ist auch die Zahl, wenn man so sagen darf, deutschrussischer Aerzte nicht unbedeutend.

Zu diesen drei Gruppen deutscher Aerzte wäre dann noch eine weitere zu rechnen, ohne dass eine genauere Betrachtung derselben möglich wäre. Bei der Unvollkommenheit des zu bearbeitenden Materials ist nämlich die Herkunft von über 80 Aerzten, von deren Thätigkeit wir sonst Kunde haben, unbekannt. Aus den Familiennamen der meisten dieser Aerzte und aus anderen Umständen kann man auf ein hohes Mass Wahrscheinlichkeit einer deutschen Nationalität bei den meisten dieser Aerzte schliessen.

Diese vier Gruppen deutscher Aerzte bilden zusammen eine Majorität aller bis zum Jahre 1800 in Russland uns begegnenden Aerzte überhaupt. Drücken wir das Verhältniss in Procenten aus, so ergeben sich folgende Ziffern. Von gegen 500 Aerzten überhaupt sind mindestens 175, also fast 40 Procent, während des 17. und 18. Jahrhunderts aus Deutschland berufen worden. Dazu kommen dann die Balten, die Deutschrussen und die Deutschen, deren Nationalität nicht sicher festgestellt werden kann, mit allermindestens zusammen 20 Procent, so dass nahezu zwei Drittheile aller Aerzte in Russland bis zum Jahre 1800 sich als deutsches Element herausstellen.

Ein so starkes Ueberwiegen dieses letzteren Elements erscheint keineswegs überraschend. Die unmittelbare Nähe Deutschlands, die grosse Bedeutung der deutschen Universitäten auch hinsichtlich des medicinischen Studiums, die hervorragende Rolle, welche die Deutschen auch schon vor 1800 in Russland als Kaufleute, Gewerbtreibende, als Vertreter der Intelligenz spielten, der Anschluss der Ostseeprovinzen an Russland zu Anfang des 18. Jahrhunderts, die politischen Beziehungen Russlands zu den deutschen Staaten — alle diese Umstände reichen hin, um den starken Procentsatz der deutschen Aerzte zu erklären.

Verweilen wir zunächst bei der ersten Gruppe der deutschen Aerzte, nämlich bei den aus Deutschland berufenen Medicinern, indem wir uns auf die Erwähnung der hervorragendsten Persönlichkeiten beschränken und nur ganz kurz auf die allgemeinen dahin einschlagenden Erscheinungen hinweisen.

Im J. 1600 sandte der Zar Boris Godunow einen Agenten, Namens Reinhold Beckmann, welcher bereits früher wiederholt

als Vertreter russischer Interessen Reisen nach Westeuropa, u. A. nach England unternommen hatte, in den Westen, um insbesondere deutsche Aerzte zum Eintritt in russische Dienste zu veranlassen. Aus der Instruction, welche Beckmann erhielt und welche sich im Archiv befindet, ersehen wir, dass der eigentliche Bestimmungsort seiner Reise Lübeck war und dass er den Auftrag hatte, unterwegs, in Riga, Königsberg, Danzig und Rostock, sich nach solchen Aerzten zu erkundigen, welche im Rufe einer vorzüglichen Geschicklichkeit und einer vieljährigen Erfahrung ständen, um sie sodann zu einer Uebersiedelung nach Russland zu bereden. Namentlich in Lübeck hoffte die russische Regierung diesen Zweck zu erreichen. Beachtenswerth ist, dass Beckmann den Auftrag erhielt, falls etwa der Ausführung des Vorhabens von Seiten der Vorgesetzten der Stadt Lübeck sich Hindernisse entgegenstellen sollten, die zu berufenden Aerzte auch wider den Willen der Bürgermeister und Rathsherren zu engagiren und sie sogleich mitzunehmen. Unter den von Beckmann angeworbenen Aerzten begegnen uns zwei Mediciner aus Lübeck, David Vasmer und Heinrich Schroeder, ohne dass wir über ihre spätere Thätigkeit in Russland etwas erführen [11]).

Bei Gelegenheit der holsteinischen Gesandtschaft, welche in der Regierungszeit des Zaren Michail Feodorowitsch nach Russland kam, und welche insbesondere durch das Erscheinen des berühmten Buches von Olearius über Russland eine grosse Bedeutung hatte, kam im Gefolge der Gesandtschaft Doctor Hartmann *Gramann*, aus Thüringen stammend, nach Russland. Er hatte sich bei Gelegenheit der Reise 1638 mit einer Revalenserin verheirathet und war daher, als er im Jahre 1639 einen Ruf nach Russland erhielt, um so eher bereit dahin überzusiedeln, wo er denn auch ein Paar Jahrzehnte hindurch thätig war [12]). Gramann gehörte zu denjenigen Aerzten, deren Olearius mit dem Bemerken erwähnt, dass ihre Kunst dem Zaren Michail sehr viel Zutrauen zu der Heilkunde einflösste, indem er, der früher um keinen Preis Arzeneien einzunehmen pflegte, alle Vorschriften der Mediciner gern befolgte. Gramann behan-

---

[11]) Richter I. 364—377.
[12]) Die spärlichen Nachrichten über Gramann bei Richter II. 88—91.

delte den Zaren auch während dessen letzter Krankheit. Olearius bemerkt, der Zar habe in seinem Dienste „deutsche Balbier, Chirurgos, Oculisten, Bruchschneider, Chymicos und Apotheker" [13]).

Während der Regierung des Zaren Alexei Michailowitsch kam Doctor Andreas *Engelhardt* (1656) nach Russland, wo er zehn Jahre verblieb, worauf er auf die Bitte des Kurfürsten von Brandenburg wieder entlassen wurde. Im Jahre 1664 wurde er aufgefordert, ein Gutachten darüber abzugeben, ob in Folge von besonderen Constellationen, insbesondere des Erscheinens eines Kometen eine Pest erwartet werden könne oder nicht, welche Frage er in zwei ausführlichen Schriftstücken eingehend erörterte und bejahte. Bei dem Stande der damaligen Wissenschaft und den damals herrschenden astrologischen Liebhabereien erscheint dergleichen nicht auffallend. Dass Engelhardt in Russland besonderes Vertrauen genoss, ist aus dem Umstande zu ersehen, dass der Zar Feodor Alexejewitsch ihn im Jahre 1676 abermals zum Eintritt in russische Dienste veranlasste. Er starb 1682 zu Moskau [14]).

Johann Coster von *Rosenburg* aus Lübeck war in den Jahren 1667 ff. Leibarzt des Zaren Alexei Michailowitsch. Er genoss auch als Schriftsteller auf medicinischem Gebiete grosses Ansehen. Er war als bejahrter Mann nach Russland gekommen und verliess es einige Jahre später, indem er nach Reval zog, wo er 1685 starb. Reutenfels erwähnt seiner als des ausgezeichnetsten der damals in Russland lebenden Aerzte. Er nahm lebhaften Antheil an den Angelegenheiten der protestantischen Gemeinde in Moskau [15]).

Hervorragender als alle die genannten deutschen Mediciner war Doctor Laurentius *Blumentrost*, aus Mühlhausen in Sachsen (1619) gebürtig; er kam 1668 nach Russland und genoss hier ein grosses Ansehen. Er galt als der Erfinder einer Reihe von Arzneimitteln, welche lange Zeit hindurch angewendet zu werden pflegten. Richter bemerkt, dass noch zu Anfang unseres Jahrhunderts in manchen vornehmen Familien zu Mos-

---

[13]) S. einige Notizen über Granmann bei Fechner, Chronik der evangelischen Gemeinden in Moskau I. 220, 223, 239, 265.
[14]) Richter II, 265—276.
[15]) Fechner I. 353, 365.

kau Blumentrost's Recepte als kostbare Handschriften aufbewahrt und gezeigt zu werden pflegten. Als Blumentrost's Leben während des Aufstandes der Strelzy im Jahre 1682 in Gefahr schwebte, verdankte er seine Rettung wesentlich der persönlichen Intervention der Prinzessin Sophie [16]). Er genoss das persönliche Vertrauen dreier Zaren, Alexei's, Feodor's und Peter's. Seine Söhne, deren weiter unten erwähnt werden wird, haben in Russland eine zweite Heimath gefunden und sich zum Theil ebenfalls um die Fortschritte der Heilkunde in diesem Reiche verdient gemacht [17]).

Eine eigenthümliche Stellung unter den deutschen Aerzten in Russland während des 17. Jahrhunderts nahm Laurentius *Rinhuber* ein. Er kam als junger Mann, noch vor Vollendung seiner medicinischen Studien in Deutschland, als Gehülfe des Doctors Blumentrost nach Moskau. Hier hat er nicht eigentlich als Arzt eine Carrière gemacht; dagegen that er sich durch Veranstaltung dramatischer Aufführungen und durch diplomatische Dienste hervor, indem er einen russischen Gesandten, Meneses (1672), auf einer grossen Reise bis nach Rom in der Eigenschaft eines Legationssecretärs begleitete und auch später, bei anderen Gelegenheiten, zwischen Russland und dem Westen vermittelte. Wir verdanken seinen Briefen und sonstigen Aufzeichnungen, welche erst in neuester Zeit bekannt geworden sind, eine Fülle von werthvollen Angaben über Russlands Verhältnisse in der zweiten Hälfte des 17. Jahrhunderts. Im Jahre 1675 erhielt er eine Anstellung als Arzt, ohne dass es ihm gelang, Leibarzt des Zaren zu werden. Er musste sich mit einem untergeordneteren Posten begnügen. Der Sturz des Gön-

---

[16]) Neuerdings hat Herr Zwjetajew die in verschiedenen Quellen erwähnte Erzählung von dieser Episode, deren auch ich in meiner Geschichte Peters des Grossen, S. 253, erwähnt hatte, in Zweifel gezogen. Indessen befindet sich im Dresdener Archiv ein Schreiben Georg Goossens' an den Kurfürsten Johann Georg II von Sachsen, welches ich eingesehen habe und in welchem ausdrücklich dieses Vorganges erwähnt wird. Goossens bittet den Kurfürsten, seinem Schwager, dem Doctor Blumentrost auch fernerhin seinen Schutz angedeihen zu lassen.

[17]) Manche Einzelheiten über Blumentrost, insbesondere über die Schwierigkeiten, welche sich zu Anfang seiner Laufbahn entgegenstellten, finden sich in dem Werke über Rinhuber. Relation du voyage fait en 1684 par L. Rinhuber? Berlin 1883. S. mein Buch, Bilder aus Russlands Vergangenheit Leipzig. 1887. I, 217 ff.

ners aller Ausländer, des Bojaren Matwejew, veranlasste ihn bald darauf in den Westen zurückzukehren. Als er im Jahre 1684 wiederum kurze Zeit in Moskau weilte, waren es nicht ärztliche Berufsgeschäfte, sondern weitgehende auf geographische Entdeckungen und andere wissenschaftliche Studien gerichtete Ziele, welche ihn zu dieser Reise veranlassten. Der Fürst Wassilij Golizyn, mit welchem Rinhuber in dieser Zeit vielfach verkehrte, suchte den vielseitig gebildeten und rührigen Mann zu längerem Aufenthalte in Russland in der Eigenschaft eines Arztes zu veranlassen, indessen kehrte dieser nach Deutschland zurück [18]).

Zu sehr grossem Wohlstande brachte es in Russland der aus Schlesien gebürtige Chirurg Sigismund *Sommer*, welcher über dreissig Jahre (1653 ff.) in Moskau lebte. Er erfreute sich so grosser Beliebtheit, dass, als er im Jahre 1684 sich nach Deutschland zurückzog, ein besonderer Delegirter der russischen Regierung dahin abgesandt wurde, um ihn aufs Neue nach Russland zu berufen. Er kam allerdings wieder nach Moskau und starb hier im Jahre 1690 [19]).

Als ein Beweis, dass es damals an Chirurgen in Russland fehlte, dient der Umstand, dass im Jahre 1678 ein Beamter der Apothekerbehörde, Wilhelm Gordsen, nach Deutschland geschickt wurde, um mehrere Chirurgen und einen Augenarzt nach Russland zu berufen; es kamen auch einige durch Gordsen angeworbene Chirurgen, ohne dass unter ihnen eine bedeutendere Persönlichkeit sich fände. Es ist indessen beachtenswerth, dass derselbe Gordsen zu demselben Zwecke im Jahre 1695 abermals nach Deutschland gesandt wurde [20]). Das Bedürfniss nach Wundärzten ward in dieser Zeit noch stärker empfunden als früher, weil der türkische Krieg in Sicht war. In Peter's Zeit wurde die Anwerbung von Ausländern überhaupt energisch betrieben. Es kamen 1695 einige Wundärzte aus Schweden, eine Anzahl Deutscher. Im Jahre 1697—98, bei Gelegenheit der grossen Gesandtschaftsreise Lefort's, Golowin's und Wosnizyns wurde denn abermals eine beträchtliche Anzahl

---

[18]) S. meine Biographie Rinhubers in der Historischen Zeitschrift, Neue Folge, Band XVI.
[19]) Richter II, 371—373.
[20]) Richter II, 373—375.

deutscher Chirurgen angeworben. Etwa ein Dritttheil der damals insbesondere durch den Admiral Cornelius Cruys zum Eintritt in den russischen Dienst veranlassten Wundärzte waren Deutsche, ebenso zwei Augenärzte, welche bereits früher nach Moskau gekommen waren [¹]).

Eine nicht unbedeutende Rolle spielte in den letzten Jahren des 19. Jahrhunderts ein aus Wien berufener Arzt, Gregorius *Carbonarius* von Bisenegg, welcher, als übereifriger Katholik, in sehr lebhaften Beziehungen zu den Jesuiten stand, wodurch er bei der russischen Regierung Anstoss erregte, so dass ihm alle fernere Correspondenz mit Wien verboten wurde [²]). In der deutschen Vorstadt bei Moskau genoss Carbonari ein grosses Ansehen, wie wir u. A. aus Korb's Memoiren und Gordon's Tagebuche erfahren. Er machte den Asowschen Feldzug mit und gerieth bei Gelegenheit der Schlacht bei Narwa in schwedische Gefangenschaft; erst im Jahre 1704 erlangte er durch die Vermittelung des Kaisers Leopold seine Freiheit, worauf er wieder nach Russland ging. Hier praktizirte er noch bis zum Jahre 1714 und zog sich sodann nach Deutschland zurück [³]).

Von anderen in der Zeit Peters des Grossen nach Russland berufenen Aerzten (z. B. Glüssing, Brescius, Grimberg, Dohnell u. A.) ist nicht viel Nennenswerthes zu sagen. Looh, aus Danzig, war Leibarzt der Gemahlin des Zarewitsch Alexei; Christian Balthasar Wiel war der Hausarzt des Fürsten Menschikow; Johann Termond, ein Arzt, welcher drei Jahrzehnte hindurch in Russland praktizirte, war zugleich ein vortrefflicher Gesellschafter und Peter, welcher den Verkehr mit dem heitern Manne gern hatte, pflegte oft halbe Nächte mit ihm zu verbringen [⁴]); Paulson war Hofchirurgus und behandelte den Zaren während dessen letzter Krankheit [⁵]); er, wie Schultz,

---

[¹]) Richter II, 421—435.
[²]) Eine Fülle von Bemerkungen über Carbonari findet sich in Gordon's Tagebuche. Auch Zwjetajew hat in seinem vortrefflichen Werke „Zur Geschichte der ausländischen Bekenntnisse in Russland", Moskau 1886, mancherlei werthvolles Material über ihn beigebracht.
[³]) Richter II, 382—386.
[⁴]) Richter II, 416 ff. III, 177—178.
[⁵]) Offenbar muss er damals noch sehr jung gewesen sein, da er erst 780 starb. Richter III, 180.

welcher u. A. als Hausarzt beim Fürsten Menschikow angestellt war, wirkte Jahrzehnte in Russland. Beide starben erst in der Zeit der Regierung Katharina II.

Ein bedeutender Gelehrter war Doctor Gottlob *Schober*, ein Leipziger; er trat bei Gelegenheit des Aufenthaltes Peters des Grossen in Dresden im Jahre 1712 in russische Dienste. Im Jahre 1717 erhielt er den Auftrag, die warmen Quellen am Terek auf ihre Heilquellen hin zu untersuchen; bei dieser Gelegenheit beschrieb er die Gegend nördlich vom Kaukasus überhaupt, entdeckte auf seiner Rückreise Schwefelgruben, sammelte eine Fülle von Angaben über die physikalischen, botanischen, agronomischen und geographischen Verhältnisse Russlands, welche er auch in einem in lateinischer Sprache verfassten Werke verarbeitete. Als Stadtphysikus von Moskau hatte er mancherlei Reisen in die Umgegend der alten Hauptstadt zu unternehmen, um dort herrschende Epidemien zu beobachten.

Einer der berühmtesten Anatomen seiner Zeit war Josias *Weitbrecht* aus Württemberg; 1725 an die Petersburger Akademie berufen, hat er hier durch die Anfertigung einer sehr grossen Anzahl von anatomischen Präparaten und durch öffentliche Vorlesungen über Anatomie und Physiologie sich um die Verbreitung naturwissenschaftlicher und medicinischer Kenntnisse in Russland grosse Verdienste erworben. Die Anzahl seiner Schriften war sehr bedeutend. Er starb im Alter von 45 Jahren im Jahre 1747. Die Beschreibung eines in Petersburg herrschenden Fiebers hatte ihm im Jahre 1736 den Doctortitel der Königsberger Universität eingetragen **).

Nicht sowohl in der Eigenschaft eines Arztes oder Gelehrten als vielmehr in der Rolle eines Hofmannes und politischen Agitators hat der aus Celle stammende Johann Herrmann *Lestocq* eine gewisse Berühmtheit erlangt. Er kam 1713 nach Russland und begleitete bald darauf als Wundarzt die Zarin Katharina auf ihrer Reise nach Holland. Bekanntlich war er dann als Leibarzt der Prinzessin Elisabeth einer der Haupturheber der Staatsumwälzung im Jahre 1741. Während der Regierung Elisabeths, welche in erster Linie ihm den Thron verdankte, machte er sich durch allerlei Ränke und durch Einmischung in politische Angelegenheiten missliebig und ver-

---

**) Richter III, 206—210.

lor seine Freiheit und sein grosses Vermögen im Jahre 1748. Erst im Jahre 1761 erlangte er seine Freiheit wieder. Bei manchen Schwächen und Charakterfehlern gehört er durch seine vielseitige Bildung, seine Sprachkenntnisse, seine stets gute Laune und Aufgelegtheit zu Scherz und Witz zu den anziehendsten Illustrationen der Hofgeschichte Russlands im 18. Jahrhundert. Dass er, wie es scheint, niemals den Doctortitel erwarb, dagegen in den Grafenstand erhoben wurde, charakterisirt seine Stellung und die historische Rolle, welche er mit einer gewissen Entschlossenheit, aber nicht ohne einige Unbesonnenheit spielte. Dass man ihn in der Zeit seines Glanzes zum Director der medicinischen Facultät in Russland ernannte, kam dem Medicinalwesen des Reiches nicht zu Gute, da ihm sowohl die tüchtige Specialbildung als auch das Geschick und die Lust zu administrativen Geschäften abging. Die Last der Arbeit trugen seine Gehülfen, der Holländer Kaau-Boerhave und der Grieche Condoidi [*]).

Johann Pagenkampf, Leibchirurg Katharina I. und Peters II., machte sich später als Frauenarzt bekannt und übersetzte ein bedeutendes gynäkologisches Werk in die russische Sprache [**]).

Während der Regierungszeit der Kaiserin Anna hat Johann Christoph Rieger aus Preussen einige Jahre an der Spitze der medicinischen Verwaltung gestanden. Er war vom Grafen Ostermann unter ausnehmend günstigen Bedingungen zum Eintritt in russische Dienste veranlasst worden, machte sich aber durch Ränkesucht und Eigennutz in hohem Grade unbeliebt. Er scheint sich zu einem Werkzeug des Terrorismus Biron's hergegeben zu haben, sah indessen alsbald seine Stellung erschüttert, so dass eine Urlaubsreise, welche er nach Deutschland machte, einer Flucht ähnlich sah [***]).

Dagegen entwickelte Doctor Johann Friedrich *Schreiber* aus Königsberg als Gelehrter wie als Arzt eine um so erfreulichere

---

[*]) Richter III, 210 ff. 420 ff. Allerlei übrigens unbedeutende Vorkommnisse in der Zeit der Verwaltungsthätigkeit Lestocq's bei Tschistowitsch CLII—CLV.

[**]) Richter III, 211. Es zeugt von grosser Nachlässigkeit Tschistowitsch's dass in dessen Arztverzeichniss Pagenkampf nicht vorkommt.

[***]) Richter III, 246 ff. Tschistowitsch beschäftigt sich an mehreren Stellen seines Buches sehr eingehend mit Rieger.

Thätigkeit. Er hatte eine gründliche und vielseitige Bildung erhalten, längere Zeit in Leyden studirt, war mit dem berühmten Albrecht Haller innig befreundet gewesen, als er sich endlich entschloss, einem Rufe nach Russland zu folgen. Hier hat er zuerst während des Türkenkrieges unter Anna in der Armee gedient und dabei in der Zeit, als die Pest wüthete, sehr wesentliche Dienste geleistet. Besonders fruchtbar und segensreich war Schreiber's Thätigkeit in der Eigenschaft eines Lehrers der Anatomie und Chirurgie an der St. Petersburger Hospitalschule, wo er in demselben Geiste wirkte, wie Bidloo an der Hospitalschule in Moskau gewirkt hatte. Ein grosses Verzeichniss von medicinischen Schiften des unermüdlichen Mannes zeugt von der grossen klinischen Erfahrung und dem echt wissenschaftlichen Sinne desselben.

Es wären von deutschen Aerzten etwa noch zu nennen: Jacob Johann Lerche, welcher, aus Preussen gebürtig, 1731 nach Russland kam, während des Türkenkrieges 1736 ff. und in der Zeit der Pest 1770—71 wesentliche Dienste leistete und bis an seinen Tod (1780) in Russland blieb, ferner einige Professoren der Medicin an der 1755 gegründeten Moskauer Universität, wie Karstens, Erasmus, Hoffmann, Fischer von Waldheim, Reuss, Hillebrandt, deren manche sich durch eine grosse Thätigkeit als Fachschriftsteller auszeichneten; Johann Schilling, welcher u. A. die Kaiserin Elisabeth in ihrer letzten Krankheit behandelte, Carl Friedrich Kruse, Leibmedicus der Kaiserin Katharina II. und Mitglied der Akademie der Wissenschaften, Andreas Rinder, welcher übrigens, als die Pest in Moskau auftrat (1770) den grossen Fehler machte, die Natur der Krankheit nicht zu erkennen, einen Irrthum, welchen sein College Kuhlemann theilte, während andere Aerzte, wie z. B. Martens, Meltzer u. s. w. sich grosse Verdienste um die Bekämpfung der furchtbaren Epidemie erworben und auch wohl durch Beschreibung derselben sowohl der damaligen medicinischwissenschaftlichen Welt als der späteren Geschichtsforschung nützten, Johann Martin Minderer, welcher als Militärarzt wie als Verwaltungsbeamter eine sehr umfassende Thätigkeit entfaltete und viele Andere.

Wir haben oben in der allgemeinen Uebersicht der Aerzte in Russland gesehen, wie die Zahl der letzteren insbesondere in der Zeit Katharina's sehr stark im Zunehmen begriffen gewesen sei und wie dieser Umstand auf eine energische Thätigkeit der Administration in diesem Punkte schliessen lasse. Die oben mitgetheilte Zahlentabelle zeigt, dass insbesondere in den achtziger Jahren ein bedeutender Aufschwung in dieser Hinsicht stattfindet.

In diese Zeit fällt die Anknüpfung der Beziehungen der Kaiserin zu dem berühmten Arzte Johann Georg von Zimmermann, welcher durch seine medicinischen Schriften und andere Werke, insbesondere durch sein Buch „Ueber die Einsamkeit" in den allerweitesten Kreisen bekannt war. Katharina stand in den Jahren 1785 bis 1791 mit ihm in lebhaftem Briefwechsel. In demselben [*]) wurden nicht blos Zeitfragen, politische Begebenheiten, neuerschienene Bücher u. dgl. einer Besprechung unterzogen: es handelte sich auch um die Beschaffung deutscher Aerzte für das russische Reich. Zimmermann selbst konnte sich nicht zu einer Uebersiedelung nach Russland entschliessen, obgleich Katharina ihn wiederholt dahin einlud. Dagegen vermittelte er die Anstellung von über zwanzig Aerzten in Russland und dieser Geschäfte ist denn auch häufig in der Correspondenz der Kaiserin mit Zimmermann erwähnt. Insbesondere scheint der Fürst Potemkin, welcher gerade damals Südrussland verwaltete, eine beträchtliche Anzahl von deutschen Aerzten in dieser seiner Statthalterschaft angestellt zu haben. So z. B. kam Friedrich August Meyer aus Hamburg nach Chersson, wo er eine Zeitlang die Stellung eines Chefs des Medicinalwesens in Südrussland bekleidete, ferner Ernst Moinshausen, Stein u. A.

Was den Doctor Georg Nikolaus *Weikard* anbetrifft, welcher zuerst mit Zimmermann befreundet war und hierauf gänzlich mit ihm zerfiel, so nahm dieser Sonderling die Stelle eines Hofarztes ein, ohne dass sein Wunsch, Leibarzt der Kaiserin zu werden, in Erfüllung ging, da Rogerson diese Stelle be-

---

[*]) Katharinas Briefwechsel mit Zimmermann erschien als Beilage zu Marcard's Buche „Zimmermanns Verhältniss zu der Kaiserin Katharina II.", Bremen, 1803. Es ist eine gegen Weikard gerichtete Streitschrift. Die Briefe der Kaiserin erschienen ferner in der Ssmirdin'schen Edition der Schriften Katharina's und in dem XIII. und XXVII. Bande des Magazins der Histor. Gesellschaft S. meine Abhandlung in der „Russkaja Starina" 1887. Mai und Juni.

kleidete und Katharina volles Vertrauen zu dem letzteren hatte. Weikard behandelte u. A. den Günstling Lanskoi in dessen letzter Krankheit [*]).

VII.
Deutsche.
2. Balten.

Man weiss, welch' grosse Anstrengungen russischerseits verhältnissmässig früh gemacht wurden, um sich der Ostseeprovinzen zu bemächtigen. Es mochte nicht bloss der Besitz der Küstenlinie sein, nach welchem Russland strebte. Auch die höhere Cultur dieser Gebiete, welche stets mit Westeuropa in Zusammenhang geblieben waren, liess einen solchen Erwerb als besonders wünschenswerth erscheinen. Weder die Anstrengungen, welche man im 16., noch diejenigen, welche man im 17. Jahrhundert machte, um dieses Ziel zu erreichen, waren von dauerndem Erfolge gekrönt; erst Peter dem Grossen gelang es diese Provinzen zu besetzen.

Der Verkehr, welcher bereits früher zwischen Russland und den Ostseeprovinzen bestanden hatte, war nicht immer ein freundlicher und friedlicher gewesen. Man weiss, dass in Livland im 16. Jahrhundert Anstrengungen gemacht worden sind, Russland von dem Verkehr mit der Welt abzuschliessen: Techniker, Industrielle, Künstler, welche in russische Dienste treten sollten, sind an der Reise nach Moskau auf Anstiften des Ordens verhindert worden.

Um so beachtenswerther ist der steigende Verkehr zwischen den Ostseeprovinzen und Russland im Laufe des 17. Jahrhunderts. Unter den Männern, welche sich in jener Zeit zur Uebersiedelung nach Russland entschlossen, begegnen uns einige Aerzte.

So kam in den allerersten Jahren des 17. Jahrhunderts der Doctor Caspar *Fiedler*, um während der Regierung des Zaren Boris Godunow eine vorzüglich angesehene Stellung in Moskau einzunehmen. Er war, wie Reinhold Beckmann meldete, als

---

[*]) Weikard's „Denkwürdigkeiten", Frankfurt und Leipzig 1802. Bei sehr überflüssiger Breite sind in diesem Werke doch recht interessante Beiträge zur Zeitgeschichte enthalten, freilich in anekdotischer Form.

der vorzüglichste, berühmteste und beliebteste Arzt in Riga empfohlen worden. Er war übrigens kein geborener Rigenser, sondern stammte aus Preussen, hatte beim deutschen Kaiser, bei der Königin von Frankreich und dem Herzog von Kurland in Dienst gestanden. In Russland hatte er sich einer besonders günstigen Aufnahme von Seiten des Zaren zu erfreuen, wie wir u. A. aus Petrejus' Werke erfahren; auch war er Kirchenpatron der lutherischen Kirche in Moskau [9]). Von den weiteren Schicksalen Fiedler's ist nicht viel bekannt. Eine zweideutige Rolle soll er bei folgender Gelegenheit gespielt haben. Als während der Regierung des Zaren Wassilij Schuiskij die anarchischen Elemente der russischen Gesellschaft sich unter den Fahnen einzelner Abenteurer, wie des zweiten Pseudodemetrius, Bolotnikow's u. A. sammelten, soll der Arzt Caspar Fiedler dem Zaren den Vorschlag gemacht haben, den Bolotnikow, welcher damals in Kaluga weilte, durch Gift aus dem Wege zu räumen. Trotz eines Eides, welchen Fiedler leistete, dass er sein Vorhaben ausführen und den Zaren bei dieser Gelegenheit nicht verrathen werde, trotz grosser in Aussicht gestellter Belohnungen soll nun Fiedler sogleich nach seiner Ankunft in Kaluga Bolotnikow von dem Unternehmen Mittheilung gemacht und ihm das Gift ausgeliefert haben [10]).

Doctor Johann Belau kam, nachdem er eine Zeitlang an der von Gustav Adolf ins Leben gerufenen Dorpater Universität als Professor der Medicin thätig gewesen war und hierauf in Riga practicirt hatte, im Jahre 1643 nach Russland. Im Jahre 1651 ward er zu einer Reise in seine eigentliche Heimath, Deutschland, beurlaubt, zog es aber vor nicht wieder nach Russland zurückzukehren [11]).

Den berühmten Mediciner Johann Bernhard *Fischer* darf man mit mehr Recht als die Soebengenannten als einen Balten bezeichnen. Er war 1685 in Lübeck geboren, aber sein Vater siedelte schon 1687 als Garnisonsarzt nach Riga über, und hier practicirte Johann Bernhard Fischer, nachdem er in Halle,

---

[9]) Richter I, 377—383. Fechner erwähnt seiner nicht.
[10]) Solowjew VIII, 181—182.
[11]) Richter II, 91—103. S. dort sehr umständliche Nachrichten über die Verhandlungen mit Belau nach dessen Abreise.

Jena und Leyden studirt hatte, mit so grossem Erfolge, dass er im Jahre 1733 zum Stadtphysikus ernannt wurde. Im Jahre 1735 folgte er einem Rufe nach Russland, wo er als Leibarzt der Kaiserin und Archiater, welchem die Verwaltung des Medicinalwesens im ganzen Reiche anvertraut war, mit dem für jene Zeit ganz ausserordentlich hohen Jahrgehalt von 7000 Rubeln **) angestellt wurde. Es sind wenige Aerzte in Russland gewesen, welche in dem Grade, wie Fischer, sich allgemeiner Beliebtheit erfreuten und sich um die Heilkunde im Reiche die grössten Verdienste erwarben. Karl VI. erhob ihn in den Adelsstand; die Kaiserin Anna schenkte ihm das Palais ihrer verstorbenen Schwester, der Herzogin Katharina von Mecklenburg; nach dem Tode der Kaiserin blieb er noch eine Zeitlang als Leibarzt des Kaisers Joann Antonowitsch in Petersburg, nahm aber, als Lestocq sogleich nach der Thronbesteigung Elisabeth's als deren Leibarzt die allergrösste Bedeutung erlangte, seinen Abschied, worauf er noch drei Jahrzehnte hindurch auf seinem Gute bei Riga sich der schriftstellerischen Thätigkeit widmete. Die grösste Zahl seiner Werke ist medicinischen Inhalts **). Als Director des Medicinalwesens hat er in der kurzen Zeit seiner Wirksamkeit eine Reihe durchgreifender Reformen veranlasst, wie die Gründung neuer Hospitäler als Schulen für angehende Aerzte, die Entsendung junger Russen ins Ausland zum Zwecke der medicinischen Ausbildung, die Herausgabe von Anschauungsmitteln beim Unterricht in der Medicin, die Beschaffung vieler Arzneimittel, welche man bis dahin aus dem Auslande zu verschreiben pflegte, in Russland selbst u. s. w. Von der Lauterkeit und Selbständigkeit seines Charakters zeugt der Umstand, dass er in einer Zeit, da Biron's Terrorismus Leute, wie Rieger, der Despotenlaune des Machthabers dienstbar machte, seine völlige Unabhängigkeit zu wahren wusste **).

Eine unbedeutendere Rolle spielten Nikolai Martini aus Riga, welcher ebenfalls während der Regierung Anna's zum Hofmedicus ernannt wurde, sowie andere Aerzte, welche, aus den Ostseeprovinzen stammend, in der Zeit Elisabeth's und

---

*) Ein Rubel in jener Zeit = mehreren Rubeln jetzt.
**) Richter III. 270—280.
**) Tschistowitsch CCCXV—CCCXX.

Katharina's zum Theil in den Ostseeprovinzen selbst, zum Theil in den eigentlich russischen Gouvernements oder auch in den Hauptstädten thätig waren. Im Ganzen beläuft sich die Zahl der aus den Ostseeprovinzen stammenden Aerzte, von denen wir Kunde haben, auf gegen fünfzig. Indessen begegnet uns weitaus die grösste Zahl derselben erst gegen das Ende des Jahrhunderts, in der zweiten Hälfte der Regierung Katharina II. Alle diesen baltischen Mediciner [**]) haben ihre Studien auf ausländischen Universitäten, meist in Deutschland, absolvirt. Es kann sein, dass einer besonders starken Steigerung der Zahl aus den Ostseeprovinzen stammender Aerzte in der letzten Zeit der Regierung Katharinas besondere Umstände zu Grunde liegen. Indessen kann das Anschwellen der Ziffer der baltischen Mediciner auch ausreichend durch die überhaupt in dieser Zeit sich steigende Arztfrequenz erklärt werden. Immerhin ist es beachtenswerth, dass nicht unmittelbar nach der Annexion der Ostseeprovinzen, sondern erst mehrere Jahrzehnte später das Contingent baltischer Aerzte in einer recht auffallenden Weise an Bedeutung gewinnt. Es begegnen uns nämlich, wenn wir die Zeit von der Eroberung der Ostseeprovinzen bis zum Jahre 1800 in Jahrzehnte eintheilen, baltische Aerzte bis 1730 1, von 1730 bis 1740 2, von 1740 bis 1750 3, von 1750 bis 1760 8, von 1760 bis 1770 10, von 1770 bis 1780 15, von 1780 bis 1790 28, von 1790 bis 1800 30.

Es wäre von grossem Interesse diese Zahlenkolonne bis auf die neueste Zeit fortzusetzen. Während die Balten, welche sich dem Studium der Medicin widmen wollten, früher im Auslande studiren mussten, änderte sich die Sachlage durch die Gründung der Dorpater Universität im Jahre 1802. Diese hat im 19. Jahrhundert dem Arztbestande Russland ein ganz gewaltiges Contingent geliefert. Wir haben nicht die Möglichkeit, die Geschichte der Dorpater Mediciner, deren weitaus grösste Zahl Balten sind, auszuführen. Wenn man sich aber vergegenwärtigt, dass die Zahl der in Dorpat studirenden Mediciner gegenwärtig (1896—87) gegen 750 beträgt, so wird man ermessen können, von welcher Bedeutung die aus den Ostseeprovinzen stammenden deutschen Aerzte im Medicinalwesen

---

[**]) Wir haben ein Verzeichniss derselben angefertigt, halten indessen die Mittheilung der Namen und Zahlen für überflüssig.

des ganzen Reiches sein müssen, wenn man auch zugleich anerkennen mag, dass die Leistungen der jüngeren russischen Universitäten, die Heranbildung russischer Aerzte in der letzten Zeit einen grossen Aufschwung genommen haben.

VIII.
In Russland geborene Ausländer.

Ein sehr beträchtlicher Theil der aus dem Auslande berufenen Aerzte ist nicht eigentlich in Russland sesshaft geworden. Viele von den in russische Dienste tretenden Medicinern hatten sich nur für wenige Jahre gebunden und kehrten sodann in ihre westeuropäische Heimath zurück. Andere haben, wie aus manchen oben mitgetheilten Beispielen zu ersehen ist, die Uebersiedelung nach Russland zum zweiten Male unternommen. Noch andere kamen und blieben, ohne ihre zweite Heimath zu verlassen.

So konnte es geschehen, dass es in Russland Ausländerfamilien gab, welche gewissermassen Arztdynastien darstellen. Die Ausübung des ärztlichen Berufes bot unter Umständen so bedeutende materielle Vortheile dar, die Aerzte erfreuten sich von Seiten der Regierung und zum Theil wohl auch von Seiten der Gesellschaft einer so wohlwollenden Behandlung, dass ihre Söhne, welche in Russland geboren waren, oft Lust hatten, sich demselben Berufe zu widmen. Und zwar geschah letzteres um so eher, als die Regierung in sehr vielen Fällen bereit war, die Studienkosten zu bestreiten, weil sie auf diese Weise den Bedarf an Aerzten am bequemsten decken zu können meinte. Es geschah sehr häufig, dass Söhne von Ausländern, welche als Aerzte in russischen Diensten standen, oder sonst irgend eine andere officielle Stellung bekleideten, von der Krone die Mittel erhielten, um ins Ausland zu reisen und dort medicinischen Studien obzuliegen.

Es ist von Interesse wahrzunehmen, dass solche Reisestipendiaten uns schon mehrere Jahrzehnte vor der Regierung Peters des Grossen begegnen, was wieder einmal davon zeugt, dass die russischen Machthaber auch lange vor der Reformepoche dieses genialen Herrschers ein Bewusstsein von den

Vorzügen der westeuropäischen Cultur hatten und der Hilfe der Vertreter anderer Völker in allerlei Angelegenheiten der Verwaltung, u. A. im Sanitätswesen zu bedürfen meinten.

Unter solchen von der Regierung bevorzugten für den medicinischen Staatsdienst herangebildeten jungen Leuten begegnen uns Repräsentanten verschiedener Nationalitäten; indessen spielen auch hier die Deutschen eine Hauptrolle.

Weisen wir auf einige Beispiele solcher nichtrussischer Reisestipendiaten hin.

Im J. 1616, also in der ersten Zeit der Regierung des Zaren Michail Feodorowitsch Romanow, sandte man den Sohn des zu Moskau ansässigen Apothekers Zacharias Arensen, Jacob, zu Studienzwecken nach Holland. Im J. 1620 reichte der Vater des jungen Mannes bei der Regierung ein Gesuch ein, man möge seinem Sohne die Mittel gewähren, in Holland die medicinische Wissenschaft in ihrem ganzen Umfange zu erlernen. Wir erfahren, dass die Bitte gewährt wurde, nicht aber, ob das Studium des Jacob Arensen zu irgend welchen Erfolgen geführt habe. Wir wissen gar nichts von den ferneren Schicksalen dieses ersten russischen medicinischen Reisestipendiaten.

Aehnliches gilt von John Elmston, dem Sohne eines Translateurs bei der Gesandtschaftsbehörde zu Moskau. Der Vater sandte ihn (1629) nach Cambridge, um dort Medicin zu studiren. Der König Karl I. von England schrieb im Jahre 1631 an den Zaren Michail, er habe Sorge getragen, dass diesem jungen Manne auf den Rath des Collegiums der Londoner Aerzte alle Hörsäle eröffnet, alle Hilfsmittel zugänglich gemacht würden, um die gehörigen Kenntnisse der Arzneiwissenschaft zu erwerben. Wir erfahren wohl, dass John Elmston nicht weniger als dreizehn Jahre in England studirt habe und hierauf als Doctor der Medicin nach Russland zurückgekehrt sei, besitzen aber gar keine weiteren Nachrichten von den ferneren Schicksalen dieses Mediciners.

Der Sohn des Doctors Valentin Byls, welcher letztere 1615 nach Russland gekommen war, wurde in noch sehr jungen Jahren auf Kosten der russischen Regierung nach Holland geschickt, um hier zunächst eine allgemeine Schulbildung zu erwerben und sodann sich auch auf den ärztlichen Beruf vorzubereiten. Seine Studien währten 16 Jahre, worauf er als Doctor der Medicin (1642) zurückkehrte. Indessen ist auch von seiner ferneren Thätigkeit nichts bekannt geworden, so dass wir nicht zu sagen vermögen, ob er den gerechten Erwartungen der Regierung, welche ihn so lange unterstützt hatte, entsprochen habe oder nicht [99]).

Der Neffe des obenerwähnten Doctor Hartmann Gramann, Michael Gramann, welcher im Hause seines Oheims zu Moskau aufgewachsen war, ging im Jahre 1659 auf Kosten der Regierung nach Deutschland, studirte hier acht Jahre lang Medicin und hat sodann zehn Jahre hindurch als Arzt in russischen Diensten gestanden [100]).

In Moskau lebte um die Mitte des 17. Jahrhunderts ein angesehener Kaufmann, Thomas Kellermann. In der Eigenschaft eines russischen Gesandten unternahm dieser Mann mehrmals Reisen ins Ausland, im J. 1670 nach Holland, im Jahre 1688 nach Wien und Venedig. Offenbar war er zu bedeutendem Wohlstande gelangt. Seinen Sohn Heinrich liess er auf eigene Kosten in Deutschland, Holland und Frankreich ausbilden. Sechszehn Jahre dauerte der Aufenthalt des jungen Mannes in Westeuropa. Er hatte allein in Leipzig sechs, in Strassburg drei, in Paris und Montpellier zwei Jahre, und endlich in Padua mehrere Jahre Medicin studirt. Auf der letzteren Universität erwarb er den Doctorgrad. Als er im Jahre 1677 nach Russland zurückkehrte, wurde er unter günstigen Bedingungen als Arzt bei der Apothekerbehörde angestellt. Er war Militärarzt und hielt sich Jahre lang im Süden und Südwesten des Reiches auf, wo er u. A. den Hetman der Ukraine Ssamoilowitsch behandelte. Er starb erst im Jahre 1715 zu Moskau.

Nachdem Laurentius *Blumentrost* im Jahre 1668 nach Russland gekommen war, haben er und seine Söhne der neuen Heimath in hohem Grade genützt. Sein zweiter Sohn, welcher ebenfalls *Laurentius* hiess, widmete sich ebenfalls der medicinischen Laufbahn und wurde bei Hofe angestellt. Der dritte Sohn *Johann Deodatus*, reiste 1698 mit Bewilligung Peters des Grossen — also doch wohl auch als Regierungsstipendiat — nach Deutschland, um Medicin zu studiren und disputirte 1700 in Königsberg über eine die Militärheilkunde betreffende Dis-

---

[99]) Richter II, 109—117.
[100]) Richter II. 289—291.

sertation, erwarb sodann den Doctortitel in Halle, studirte ferner noch in Leyden und wurde 1702 in Russland als Feldarzt angestellt. Er machte eine glänzende Carriere. Im Jahre 1719 erhielt er die Stellung eines Archiaters, d. h. eines Vorstehers der medicinischen Kanzlei und der Hofapotheke. Ihm gehörte das Gut Gatschina bei Petersburg. Seine glänzenden Verhältnisse änderten sich indessen. Seine Absetzung erfolgte im Jahre 1731; sie wurde durch angeblich in der Hofapotheke stattgehabte Unordnungen motivirt; auch sein Gut Gatschina wurde eingezogen. Er starb erst 1736. In der Zeit seiner Verwaltung des Medicinalwesens fanden manche durchgreifende Reformen statt. Sowohl seine geistigen Fähigkeiten, als auch seine Charaktereigenschaften wurden gerühmt. Aber weder ihm noch sonst Jemandem in jener Zeit sind Dienstunannehmlichkeiten zum Theil sehr peinlicher Art erspart worden. Bei der Ochsensen mit Rühs mag er nicht ohne Schuld gewesen sein. Bei seiner Absetzung scheinen Willkür und Ungerechtigkeit entgegengetreten zu haben.

Körperschaft nach Russland berief. Als die Akademie in der Zeit Katharina I. eröffnet wurde, ernannte ihn die Kaiserin zum Präsidenten derselben. Den Kaiser Peter I. hatte er auch in dessen letzter Krankheit behandelt und die Beschreibung der letzteren an Stahl nach Berlin und Hermann Boerhave nach Leyden geschickt. Von seiner naturwissenschaftlichen Bildung zeugen seine an die Pariser Akademie gerichteten Briefe über Messerschmidt's Reisen nach Sibirien und seine Beschreibung der Mineralquellen von Olonez. So glänzend Blumentrost's Stellung auch war, einer so allgemeinen Beliebtheit er sich auch erfreute, so ist er doch auch gleich vielen anderen hervorragenden Männern von Ränken nicht verschont geblieben. Ihm, wie seinem Bruder Johann Deodat, ist die Regierung der Kaiserin Anna verhängnissvoll geworden. Blumentrost hatte die Schwester der Kaiserin, die Herzogin Katharina von Mecklenburg, in ihrer letzten Krankheit behandelt. Ohnehin mochte die Reihe von Todesfällen der höchsten Personen — Katharina I., Peter II. waren ebenfalls seine Patienten gewesen — Blumentrost's Ansehen als medicinische Autorität erschüttert haben: jetzt, 1733, wurde er bei Gelegenheit des Ablebens der Herzogin Katharina von dem Untersuchungsrichter vernommen, musste einen genauen Bericht über seine Behandlungsweise vorstellen und fiel so weit in Ungnade, dass er nach Moskau verwiesen wurde, wobei man ihm sogar seine Besoldung entzog. Fünf Jahre verlebte Blumentrost in der alten Hauptstadt, ohne irgend eine dienstliche Stellung einzunehmen. Da erst, während des Türkenkriegs, als man einer grossen Anzahl von Militärärzten bedurfte und der Archiater Fischer fast das gesammte Personal der Moskauer Hospitalschule auf den Kriegsschauplatz beförderte, wurde Blumentrost mit der Leitung der Anstalt betraut. In noch höherem Grade besserten sich seine Verhältnisse nach Elisabeths Thronbesteigung. Hatte er in den letzten Jahren der Regierung an der Gründung der Akademie der Wissenschaften Theil genommen, ja, wie sein Gehilfe Schumacher erzählt, im Grunde den eigentlichen Anstoss zu diesem Unternehmen gegeben, so konnte er sich nun, an seinem späten Lebensabend um ein anderes wissenschaftliches Institut die grössten Verdienste erwerben. Es war begreiflich, dass man ihn, den vielgereisten Mann, welcher die Welt gesehen hatte, den vielseitig gebildeten Ge-

lehrten, welcher vier Sprachen, das Lateinische, Französische,
Deutsche und Russische so weit beherrschte, dass er bequem
in allen diesen Sprachen schreiben konnte, den berühmten Mediciner, welcher mit den wissenschaftlichen Capacitäten der
Welt in Verkehr gestanden hatte, zur Berathung zog, als es
sich um die Gründung der Moskauer Universität handelte. Er
wurde Curator der neuen Hochschule, indessen starb er wenige
Wochen nach der Eröffnung derselben [109]).

Gleich wie drei Söhne des im 17. Jahrhundert nach Russland berufenen Doctors Blumentrost sich als Aerzte der neuen
Heimath widmeten, so waren auch alle vier Söhne des Stabsarztes Röslein, Johann, Alexander, Friedrich und Andreas Röslein in der zweiten Hälfte des 18. Jahrhunderts als Aerzte in
Russland thätig, freilich ohne zu so grosser Bedeutung zu gelangen, wie die Blumentrost's. Von anderen zahlreichen Fällen,
in denen der Sohn, dem Beispiele des Vaters folgend, die medicinische Laufbahn wählte, heben wir noch etwa folgende hervor; es begegnen uns als Aerzte in Russland: der Sohn jenes
berühmten Rosenburg, welcher im 17. Jahrhundert nach Russland berufen worden war; der Sohn des Doctors Zacharias von
der Hulst, welcher der Leibarzt Peters des Grossen während
dessen Jugend gewesen war; der Sohn des aus Konstantinopel
berufenen de-Theyls; der Sohn Pekken's, der Sohn des Stadtphysikus Lerche; ebensolche Gruppen von Vater und Sohn
bilden die Mellen, Meltzer, die Thiemann, die Zuber, die Ellert,
die Ens u. A.

Aus den Kreisen der in Russland lebenden Ausländer verschiedener Berufsarten ging eine Reihe zum Theil bedeutender
Mediciner hervor. So erwarb sich Heinrich Bacheracht, der
Sohn eines Maklers, hervorragende Verdienste um das Sanitätswesen, indem er u. A. das grosse Hospital zu Kronstadt
ins Leben rief; so erforschte Baron Georg Thomas *Asch*, der
Sohn eines Postdirectors, die Heilquellen Frankreichs und Englands, fungirte als erstes Mitglied des 1763 gegründeten medicinischen Collegiums, als dessen officieller Vertreter er in der
gesetzgebenden Versammlung 1767—68 an den Verhandlungen

---

[109]) Richter II. 317—321. III 162—168. Recht wichtige Angaben be
Tschistowitsch CI—CIV.

über die Gesundheitspflege betreffende Fragen lebhaften Antheil nahm; so machte sich der in Petersburg geborene William Holliday durch geschickte Steinoperationen bekannt; so war Justus Friedrich Jacob Hildebrandt, Neffe und Schüler des Professors der Anatomie und Physiologie an der Moskauer Hospitalschule, einer der hervorragendsten Professoren an der Moskauer Universität und war zugleich als praktischer Chirurg eine besonders beliebte und populäre Persönlichkeit in Moskau; Wilhelm Michael *Richter*, der Verfasser der „Geschichte der Medicin in Russland", war der Sohn eines in der alten Hauptstadt lebenden Predigers, Bützow war ebenfalls der Sohn eines Pastors, Hoffmann der Sohn eines Architekten, Joh. Fr. Müller der Sohn eines Schneiders, Joh. Wien der Sohn eines Lehrers, Anjou der Sohn eines Uhrmachers u. s. w.

Aus allen diesen Angaben ist zu ersehen, welch' ansehnliches Contingent das deutschrussische Element, d. h. die Familien der nach Russland übergesiedelten Ausländer dem Arztbestande im Reiche lieferten. In dem Masse als überhaupt Ausländer nach Russland kamen, sich hier dauernd niederliessen, hier eine zweite Heimath fanden, reducirte sich die Nothwendigkeit der Berufung von Aerzten aus dem Auslande. Man gelangte je länger, je mehr zu der Möglichkeit, den Bedarf an Aerzten gewissermassen aus eigenen Mitteln zu decken. Einem solchen Fortschritt leistete u. A. die Gründung der Moskauer Hospitalschule durch Doctor Bidloo am Anfang des 18. Jahrhunderts Vorschub; die stetige Vermehrung der Hospitäler und der damit verbundenen Lehranstalten, die Errichtung medicinischer Institute verschiedener Art — Alles dieses legte den Grund zu der Möglichkeit eines medicinischen Studiums in Russland selbst. Im 17. Jahrhundert konnte von einer Möglichkeit eines solchen Studiums in Russland selbst keine Rede sein. Dass etwa Laurentius Rinhuber in der Eigenschaft eines Amanuensis des Doctors Blumentrost und noch dazu als Hauslehrer bei ihm wohnend, in der zweiten Hälfte des 17. Jahrhunderts Gelegenheit hatte seine in Deutschland begonnenen medicinischen Studien in Russland unter der Leitung dieses tüchtigen Mediciners fortzusetzen, kann als eine besondere Ausnahme gelten. Die Sachlage änderte sich mit der Gründung des Hospitals zu Moskau im Zeitalter Peters des Grossen. Jahrzehnte hindurch ist sowohl diese Anstalt als auch die Petersburger Hospitalschule im Grunde nur den Nichtrussen zugänglich gewesen. Bei dem Unterrichte bedienten sich die Professoren und Lehrer, welche als Ausländer der russischen Sprache nicht mächtig waren, des Lateinischen; auch in dem Personal der medicinischen Facultät zu Moskau begegnen uns in weitaus überwiegender Mehrzahl Ausländer oder in Russland geborene Nichtrussen; der Unterricht in der unter Katharina II. ins Leben gerufenen medicinischen Schule bei dem Kalinkin-Krankenhause zu St. Petersburg fand in deutscher Sprache statt [103]). Es war immerhin ein grosser Fortschritt — und dazu bedurfte es mehrerer Jahrzehnte —, dass zunächst die Ausländer, sodann auch die Russen selbst wenigstens zum Theil in Russland den Grund zu einer medicinischen Ausbildung legen konnten. Ja, es entstand sogar in der zweiten Hälfte des 18. Jahrhunderts die Möglichkeit der Creirung von Doctoren der Medicin in Russland, da es medicinische Behörden gab, deren Mitglieder als Fachmänner sehr wohl die Rolle von Examinatoren übernehmen konnten. Der erste, welcher in Russland ein Doctordiplom erwarb, war ein Finländer, Gustav Orreus; es geschah, wie wohl nicht ohne grosse Schwierigkeiten, im J. 1768 [104]). Immerhin stellt sich uns in Betreff der Gelegenheit eines gründlichen medicinischen Studiums und eines endgültigen Abschlusses desselben das 19. Jahrhundert in einem ganz anderen Lichte dar. Die Hospitalschulen des 18. Jahrhunderts waren nur Vorstufen gewesen; die Entfaltung des medicinischen Studiums an der Moskauer Universität entspricht dem Ende des 18. Jahrhunderts; viel mehr geschah in den folgenden Jahrzehnten; hier treten uns die Gründung der medico-chirurgischen Akademie zu St. Petersburg (1799), die Gründung der Dorpater Universität (1802) als Hauptmomente der Entwickelung des medicinischen Studiums in Russland entgegen; es folgt sodann die Gründung der Universitäten zu Kijew, zu Kasan, zu Charkow u. s. w. Dagegen erscheint es sehr begreiflich, ja ganz selbstverständlich, dass fast alle die Aerzte, deren wir oben erwähnten, ebenso wie die russischen Mediciner, denen wir uns in dem folgenden Abschnitt zuwen-

---

[103]) S. die Bemerkungen über diesen Punkt in Tschistowitsch's Werke S. 356 und 434.
[104]) S. die Details bei Tschistowitsch CCXLIV.

den wollen, ihre eigentliche medicinische Ausbildung im Auslande erwarben. Wir begegnen ihnen auf den Hochschulen aller Länder, am häufigsten auf deutschen Universitäten.

IX.
Russen.

Es galt sehr lange Zeit hindurch in Russland für durchaus selbstverständlich, dass es keine russischen Aerzte geben könne. Selbst im Laufe des 17. Jahrhunderts, als die Zahl der ausländischen Aerzte in einem stetigen Zunehmen begriffen war, als die Regierung auf ihre Kosten eine Anzahl junger Männer, in Russland geborener Nichtrussen, ins Ausland sandte, damit sie sich dort für den ärztlichen Beruf vorbereiteten, fiel es Jahrzehnte hindurch Niemandem ein, dass auch Russen Medicin studiren, an der Ausübung der Heilkunde im Reiche theilnehmen könnten.

Man ersieht aus diesem Umstande, dass die Regierung sich des Unterschiedes sehr wohl bewusst war, welcher zwischen dem Bildungsniveau der Russen und demjenigen der Ausländer bestand. Es fehlte für die ersteren an den unerlässlichen Voraussetzungen für ein wissenschaftliches Studium. Den Russen gingen alle Sprachkenntnisse ab. Wie hätten sie ins Ausland reisen, dort etwa eine Hochschule beziehen können? Die Mittel zu einem Studium innerhalb Russlands, zu einem medicinischen Studium in russischer Sprache fehlten durchaus. Die Zahl derjenigen Russen, welche die lateinische Sprache erlernt hatten, mochte in der zweiten Hälfte des 17. Jahrhunderts, wenn es hoch kam, ein Dutzend betragen. In der ersten Hälfte dieses Jahrhunderts, d. h. vor der Annexion Kleinrusslands, welche ausserordentlich anregend auf Grossrussland wirkte, die Anfänge eines Schulwesens in's Leben rief, den geistigen Horizont der Grossrussen erweiterte, war erst recht nicht daran zu denken, dass die Russen eine Schulbildung erlangten, welche eine Vorstufe für das medicinische Studium hätte abgeben können. Dazu kam das Vorurtheil der Russen gegen weltliche Bildung, gegen die Erforschung der Natur, gegen das Ausland, gegen das Reisen, die Besorgniss, durch den Verkehr mit Ketzern das Seelenheil einzubüssen. Auch war es ja bei dem starken

Angebot von ärztlichem Personal vom Westen her so leicht und bequem, sich mit dem erforderlichen Material an Medicinern zu versehen, dass keine dringende Nöthigung zur Ausbildung russischer Aerzte vorlag. Wie man Ausländer als Translateurs in der Gesandtschaftsbehörde beschäftigte, die Post durch Ausländer verwalten liess, ausländische Ingenieure und Bergleute bei technischen Arbeiten verwandte, so galt es lange Zeit hindurch für ausgemacht, dass die Aerzte nur Ausländer sein könnten. An ein Concurrenzverhältniss zwischen Ausländern und Russen auf diesem Gebiete war nicht zu denken.

So konnte es kommen, dass in der Geschichte der Aerzte in Russland die russischen Aerzte ausserordentlich spät auftraten. Die Aerzte in Russland begegnen uns, wie wir oben sahen, nicht früher als zu Ende des 15. Jahrhunderts; der erste medicinische Reisestipendiat, welchen die russische Regierung ins Ausland sendet, begegnet uns im Jahre 1620; erst zu Ende des 17. Jahrhunderts ist von Russen als medicinischen Reisestipendiaten die Rede; und dann vergehen noch mehrere Jahrzehnte, bis endlich um die Mitte des 18. Jahrhunderts Russen an der Ausübung der Heilkunde Theil nehmen. Während die Geschichte der wissenschaftlich gebildeten Aerzte in Russland fast vier Jahrhunderte alt ist, umfasst die Geschichte der russischen Aerzte kaum die letzten anderthalb Jahrhunderte.

Diese Erscheinung lehrt uns, dass der Process der Europäisirung Russlands in dieser Hinsicht viel Zeit in Anspruch nahm, dass derselbe durchaus nicht sich auf die Regierungsepoche Peters des Grossen beschränkte, dass eine lange Reihe von Bedingungen zu erfüllen war, ehe Russland auf diesem Gebiete einigermassen gemeinsamen Boden mit Westeuropa erwarb. Jahrhunderte lang blieb Russland für die Deckung des Bedarfs an Aerzten von dem Auslande oder wenigstens von den nichtrussischen Elementen abhängig. Diese Abhängigkeit hat in einem gewissen Grade bis auf die neueste Zeit fortbestanden, ist aber in einer beständigen Reduction begriffen.

Während der zweiten Hälfte des vorigen Jahrhunderts war mancherlei geschehen, um Russland Westeuropa näher zu bringen. Eine Reihe von Männern, welche dem Zaren Alexei Michailowitsch und Feodor Alexejewitsch nahestanden, wie etwa

Morosow, Ordyn-Naschtschokin, Rtischtschew, Matwejew, Golizyn neigte sich der Ansicht zu, dass Russland bei Westeuropa in die Schule zu gehen habe. In unmittelbarer Nähe der Hauptstadt befand sich die deutsche Vorstadt, mit deren Bewohnern einige vornehme Russen und schliesslich, von dem Jahre 1690 ab, auch der junge Zar Peter selbst gern verkehrten. Es häuften sich die Beispiele der Absendung russischer Diplomaten ins Ausland, der Ankunft westeuropäischer Gesandter in Moskau. Die Ausländerbehörde, der sogenannte „Possolskij-Prikas", hatte alle Hände voll zu thun, und hier standen Russen und Ausländer in einem sehr lebhaften Verkehr miteinander. Zu allem diesem kam nun der Freisinn Peters selbst, welcher, noch ehe er an den Regierungsgeschäften Theil nahm, sich fortwährend in der Gesellschaft von Ausländern befand, sich über die Verhältnisse Westeuropas zu unterrichten suchte, für seine eigene Ausbildung sehr viel that und seine Landsleute in die Schule Westeuropas zu senden sich anschickte.

In diese Zeit fällt die Absendung zweier junger Russen nach Italien zum Zweck des medicinischen Studiums. Es ist nicht Zufall, dass diese ersten russischen und medicinischen Reisestipendiaten den Kreisen der russischen Gesellschaft entstammten, welche dem auswärtigen Amte nahestanden.

Peter *Posnikow* war der Sohn eines höheren Beamten der Gesandtschaftskanzlei in Moskau. Von seiner Ausbildung vor der ausländischen Reise wissen wir nichts. Er wurde im Jahre 1692 nach Italien gesandt und zwar gab man ihm als Begleiter und Führer jenen obenerwähnten aus Griechenland stammenden Arzt Pelarino mit, welcher sich damals in russischen Diensten befand. Das Reiseziel war Padua. Hier soll nun Posnikow im medicinischen Studium solche Fortschritte gemacht haben, dass er schon im Jahre 1696 den Grad eines Doctors der Philosophie und der Medicin erwarb. Die russische Uebersetzung des dem jungen Posnikow ausgestellten, mehrere Druckseiten umfassenden, in etwas marktschreierischem Tone gehaltenen Zeugnisses der Universität Padua liegt uns vor. Es wird hier den hohen Gaben und umfassenden Kenntnissen des ersten russischen Doctors überreichliches Lob gespendet; es werden die Namen der Professoren, welche ihn unterrichteten, genannt; es wird das Examen, ferner der Hergang der Promotion geschildert u. s. w. [105]).

Indessen hat sich Posnikow nicht der medicinischen, sondern der diplomatischen Laufbahn gewidmet. Seine Sprachkenntnisse veranlassten seine Verwendung im Gefolge einer russischen Gesandtschaft. Er erhielt den Befehl, von Venedig nach Wien zu kommen, in Wien einen andern, sich sofort nach Amsterdam zu verfügen, und hier traf er mit Lefort, Golowin und Wosnizyn zusammen, in deren Gefolge der Zar Peter selbst seine epochemachende Reise nach Westeuropa unternommen hatte. Etwas später diente Posnikow in Wien, Venedig (1698 und 1699) und beim Abschlusse des Karlowitzer Friedens als Dolmetscher bei dem russischen Gesandten Wosnizyn. Obgleich sodann im Jahre 1701 in Moskau seine förmliche Anstellung als Doctor der Medicin erfolgte, scheint er doch nicht als Arzt thätig gewesen zu sein, da wir erfahren, dass die Gesandtschaftskanzlei die Weisung erhielt, sich Posnikow's bei vorkommender Gelegenheit zum Uebersetzen lateinischer, französischer und italienischer Schriftstücke in das Russische zu bedienen. Er scheint übrigens sehr bald darauf gestorben zu sein [106]).

Der Sohn eines andern angesehenen Beamten der Gesandtschaftskanzlei, des Iwan Wolkow, Grigorij, wurde auf Bitten des Vaters im Jahre 1698 ebenfalls nach Padua geschickt, um dort medicinischen Studien obzuliegen. Ob diese Reise irgend welche Folgen gehabt habe, ist uns nicht bekannt, da sich überhaupt gar keine zuverlässigen Nachrichten über das fernere Schicksal Wolkow's erhalten haben [107]).

In der Regierungszeit Peters sind hunderte von jungen Russen zur Ausbildung nach Westeuropa gesandt worden. Es handelte sich allerdings dabei in erster Linie darum Techniker, Handwerker, Ingenieurs, Schiffszimmerleute u. s. w. zu bilden. Indessen gab es hier und da Reisestipendiaten mit wissenschaftlichen Zwecken. So z. B. erfahren wir, dass im Jahre 1719 nicht weniger als 30 junge Russen ins Ausland geschickt wur-

---

[105]) Richter II, Beilagen 157—167.
[106]) S. über den letzteren Punkt die Ausführungen Richters II. 408 ff. auf Grund handschriftlichen Materials.
[107]) Richter II. 411—415.

den, um unter der Leitung des Doctors Blumentrost Medicin zu studieren [105]). Indessen wissen wir nichts über die Ergebnisse dieser Studienreisen, und da bei Richter und Tschistowitsch auch nichts davon verlautet, so dürfen wir annehmen, dass der Zweck entweder gar nicht oder in sehr geringem Grade erreicht wurde.

Nach Peters Tode gerieth die Absendung junger Russen ins Ausland zur Vorbereitung auf den ärztlichen Beruf ins Stocken. Erst in den fünfziger Jahren des 18. Jahrhunderts, gegen Ende der Regierung der Kaiserin Elisabeth, begegnen uns wiederum solche Regierungsmassregeln zum Zweck der Ausbildung russischer Aerzte. Wir erwähnen einiger derartiger Beispiele.

Iwan *Poletika*, ein Kleinrusse, welcher in seiner Heimath eine gute Schulbildung erhalten und insbesondere auf der geistlichen Akademie zu Kijew die alten Sprachen erlernt hatte, war bereits in den vierziger Jahren auf eigene Kosten ins Ausland gereist und hatte in Kiel Medicin studirt. Nachdem er hierauf kurze Zeit seine medicinischen Studien an der Moskauer Hospitalschule fortgesetzt hatte, reiste er abermals ins Ausland, promovirte in Leyden zum Doctor der Medicin und erwies sich als so tüchtig in seinem Fache, dass man ihm an der Kieler Universität eine Professur anbot, welche er auch zwei Jahre bekleidete. Es ist unseres Wissens der erste Fall, dass ein Russe im Auslande eine Professur erhielt. Er kam hierauf im Jahre 1756 nach Russland und war hier als Arzt und zwar als Leiter des Petersburger Hospitals thätig. Er ist somit der erste russische Mediciner, von dessen praktischer Thätigkeit in Russland wir Kunde haben. Seine Laufbahn bietet sonst nichts besonders Bemerkenswerthes dar [106]).

Einen eigenthümlichen Verlauf nahm das Leben eines offenbar sehr bedeutend begabten Grossrussen, Konstantin *Schtscherpin*, welcher, 1728 in dem Flecken Kotelnitsch im Gouvernement Wjatka geboren, zuerst eine geistliche Ausbildung im Seminar zu Wjatka und in der Kijewer Akademie erhielt, hierauf als

---

[105]) Vollständige Gesetzsammlung № 3058.

[106]) Tschistowitsch (CCLVIII—CCLXVI) theilt eine Fülle von Angaben über allerlei Collisionen mit, welche Poletika, offenbar ein schwerer Charakter, mit Collegen und Behörden hatte.

Translateur bei der Akademie der Wissenschaften fungirte, wobei er naturwissenschaftliche Kenntnisse erwarb und endlich im Jahre 1753 insbesondere zum Zweck des Studiums der Botanik ins Ausland gesandt wurde. In Leyden fühlte er sich von dem medicinischen Studium angezogen; er widmete sich demselben und promovirte im Jahre 1758, indem er seine Doctorschrift der Kaiserin Elisabeth widmete. In der liberalsten Weise sind dem talentvollen Manne von Seiten der russischen Regierung sehr bedeutende Mittel für seine Studienreisen zur Verfügung gestellt worden. Er weilte in Italien, Frankreich, England, Skandinavien, knüpfte überall mit hervorragenden Gelehrten persönliche Beziehungen an, besuchte Hospitäler, botanische Gärten und sonstige wissenschaftliche Institute, lernte in Upsala Linné kennen und kehrte 1759 nach Russland zurück. Hier war er als Arzt und Professor am grossen Hospital thätig, erhielt als ausgezeichneter Gelehrter den Auftrag, dem öffentlichen Examen der Aerzte und Apotheker in der medicinischen Kanzlei beizuwohnen, das Naturaliencabinet in Ordnung zu bringen und die erforderlichen Einrichtungen für die gerichtliche Arzneikunde in Russland zu treffen. In den letzten Jahren des siebenjährigen Krieges war er eine Zeitlang als Militärarzt thätig; hierauf scheint er sich mit besonderer Energie der Lehrthätigkeit an der Moskauer Hospitalschule gewidmet zu haben. Von Interesse ist der Umstand, dass Schtschepin, welcher in Moskau sich beim Unterrichte der lateinischen Sprache bedient hatte, die grössten Schwierigkeiten hatte, in Petersburg, wohin er übersiedelte, in russischer Sprache zu dociren, da, wie er klagte, die Terminologie total fehle und er in Folge dessen lieber zehn lateinische Vorlesungen halte als eine russische. Leider ergab sich Schtschepin so arg dem Trunke, dass seine Entlassung (1766) erfolgen musste. Er unternahm hierauf eine wissenschaftliche Reise nach der Moldau und der Wallachei, wobei er ein sehr reiches Herbarium anlegte. Die Bearbeitung desselben vereitelte sein im Jahre 1770 erfolgter Tod. Sowohl seine reiche medicinische Bibliothek als sein Herbarium und sein Naturaliencabinet gingen im Moskauer Brande von 1812 in Flammen auf.

Entscheidend für die Steigerung der Anzahl russischer Aerzte in dem ersten Jahrzehnt der Regierung Katharina II. war die Entsendung von nicht weniger als zehn jungen Russen ins Ausland zum Zweck des medicinischen Studiums im Jahre 1761. Im Gegensatze zu den medicinischen Reisestipendiaten der Regierungsepoche Peters des Grossen, von deren späterer Thätigkeit in der Eigenschaft von Aerzten wir nichts erfahren, sind die russischen Reisenden, welche im letzten Jahre der Regierung Elisabeth's ins Ausland gingen, fast ausnahmslos sehr tüchtige Praktiker geworden, deren spätere Laufbahn mehr oder weniger genau bekannt ist. Es sind darunter Thomas Tichorskij, welcher im Jahre 1770 als Arzt am Petersburger Hospital und als Professor der Medicin angestellt wurde, Peter Pogorczkij, welcher u. A. verschiedene medicinische Werke aus fremden Sprachen ins Russische übersetzte, Cassian Jagelskij, welcher sich u. A. dadurch ein Verdienst erwarb, dass er, als die Pest 1771 in Moskau ausbrach, im Gegensatze zu manchen anderen Kollegen die Natur der Epidemie richtig erkannte und im Kampfe gegen dieselbe sehr energisch thätig war, Timkowskij, Fialkowskij u. A.

Von anderen russischen Aerzten in den letzten Jahrzehnten des 18. Jahrhunderts wären etwa noch hervorzuheben: Nestor Maximowitsch, welcher als Geburtshelfer ein grosses Ansehen genoss, der bedeutende Anatom Protassjew, ferner Ssamoilowitsch und Schafonskij, welche beide u. A. sehr umfangreiche Schriften über die in Moskau 1771 herrschende Pest verfassten, einige russische Professoren der Medicin an der Moskauer Universität, wie z. B. Wenjaminow, Sybelin, Afonin, Sibirskij u. A. Einige derselben haben ihrem Vaterlande insbesondere durch Uebertragung ausländischer Werke ins Russische genützt, wodurch der Verbreitung medicinischer Kenntnisse im Reiche in hohem Grade Vorschub geleistet wurde.

Wenn wir von ganz wenigen und unbedeutend gebildeten russischen Medicinern absehen, welche in untergeordneten Stellungen auch wohl schon in der Zeit der Regierung der Kaiserin Elisabeth an der Moskauer Hospitalschule thätig waren [110]), so können wir den Beginn der Thätigkeit russischer Aerzte in Russland etwa erst von der allerletzten Zeit der Regierung

---

[110]) Richter erwähnt, II. 425, ums J. 1700 zweier russischer Wundärzte Robkejew's und Lebedew's, doch darf man vermuthen, dass sie nur mehr Autodidakten oder Handlanger gewesen sein werden.

Elisabeths an datiren. In den folgenden Jahrzehnten steigt die Zahl der russischen Aerzte wie folgt:

von 1760 bis 1770 . . . . 21 russische Aerzte.
„ 1770 „ 1780 . . . . 25 „ „
„ 1780 „ 1790 . . . . 34 „ „
„ 1790 „ 1800 . . . . 38 „ „

Das Bestreben, den Bedarf an Arztpersonal zum Theil wenigstens mit russischen Kräften zu decken, entsprach dem natürlichen Verlauf der Dinge und war ein erfreuliches Zeichen des sich hinsichtlich der Europäisirung Russlands vollziehenden Fortschritts. Indessen ist der Umstand beachtenswerth, dass neben diesem Bestreben, die Gesundheitspflege im Reiche im nationalen Sinne auszugestalten, d. h. russische Aerzte auszubilden und anzustellen, das allgemeine Bestreben, den Bestand an Aerzten zu steigern sich so stark geltend macht, dass die Zahl der Aerzte in Russland während der letzten Jahrzehnte des 18. Jahrhunderts in einem stärkeren Masse zunimmt als die Zahl der russischen Aerzte. Folgende Zahlen mögen diese Verhältnisse veranschaulichen, ohne dass diese Zahlen auf Exactheit Anspruch machten.

Bis zum Jahre 1760 ist der Procentsatz russischer Mediciner, selbst wenn wir jene obenerwähnten untergeordneten, halbgebildeten Elemente berücksichtigen, ein ganz unbedeutender. In dem Jahrzehnt von 1760 bis 1770 steigt der Procentsatz der russischen Aerzte, wie wir zu ermitteln versucht haben, auf 23%, um sodann im folgenden Jahrzehnt auf 20% und in den letzten beiden Jahrzenten des 18. Jahrhunderts auf 15—16% zu sinken.

Und noch eine andere Wahrnehmung drängt sich bei der Betrachtung der Gruppe russischer Aerzte auf. Theilen wir dieselbe je nach der Herkunft der russischen Aerzte in zwei Unterabtheilungen, d. h. in Grossrussen und Kleinrussen, so stellt sich heraus, dass ein weitaus überwiegender Theil und zwar über 70 Procent aus Kleinrussland stammt.

Dieser Umstand illustrirt in sehr drastischer Weise die Ueberlegenheit des kleinrussischen Elements auf geistigem Gebiete in jener Zeit. Die Beziehungen Kleinrusslands zu Polen bis zur Mitte des 17. Jahrhunderts, der Verkehr Kleinrusslands mit Westeuropa auf dem Gebiete des Schulwesens, der Studien der Theologie, der klassischen Sprachen u. s. w. — alles dieses erklärt zur Genüge, dass Kleinrussland vor Grossrussland viel voraus hatte. Man muss es für wahrscheinlich halten, dass die kleinrussischen Aerzte in Betreff allgemeiner Vorbildung und in Folge dessen auch in der Ausübung ihres Berufs überhaupt durchschnittlich tüchtiger gewesen seien als die Grossrussen. Fast alle die von uns namhaft gemachten hervorragenden russischen Mediciner sind kleinrussischen Ursprungs und es ist in dieser Hinsicht beachtenswerth, dass auch der Grossrusse Schtschepin seine bedeutende wissenschaftliche Laufbahn durch einen Aufenthalt an der Geistlichen Akademie zu Kijew inaugurirte.

Selbstverständlich hat im Laufe des letzten Jahrhunderts ein Ausgleich des Unterschiedes zwischen Gross- und Kleinrussland in Betreff der Gunst oder Ungunst der Bedingungen für die Entwickelung geistigen Lebens stattgefunden. Wenn wir im Stande wären, die Geschichte des russischen Arztpersonals von 1800 bis auf unsere Tage zu verfolgen, so würde sich unzweifelhaft herausstellen, dass das grossrussische Element stetig erstarkt.

Ebenso liegt es auf der Hand, dass das Procentverhältniss der russischen und ausländischen oder richtiger, der nichtrussischen Aerzte sich im Laufe der letzten Jahrzehnte zu Gunsten der Russen wird erheblich verändert haben. Beträgt das russische Element im ärztlichen Personal bis zum Jahre 1800 noch keine 15 Procent, so wird diese Ziffer im 19. Jahrhundert in einem stetigen Steigen begriffen gewesen sein und ein noch weiteres Steigen in Aussicht stellen, was in der Natur der Sache liegt.

X.

Schluss.

In verschiedenen Zügen stellt sich, wenn wir die Geschichte der Aerzte in Russland verfolgen, ein Fortschritt dar. Vor Allem nehmen wir wahr, dass diese Geschichte der Aerzte in Russland überhaupt erst mit der Annäherung dieses Reiches an Westeuropa ihren Anfang nimmt. Diese Berührung Russlands mit andern höherstehenden Culturgebieten war in allen

Stücken von unermesslicher Bedeutung, die Hauptbedingung einer gedeihlichen, segensreichen Entwickelung. Ihr war auch der Fortschritt auf dem Gebiete der allgemeinen Gesundheitspflege zu danken; ohne sie hätte es keine Aerzte in Russland geben können. Zugleich mit der Steigerung des Verkehrs zwischen Russland und den übrigen Ländern wächst die Zahl der in Russland lebenden und wirkenden Mediciner. Es treten Aerzte verschiedener Nationalität auf, zuerst Nichtrussen, dann auch Russen, und diese beiden Gruppen sind schliesslich nicht sehr wesentlich von einander unterschieden, insofern die Einen wie die Anderen aus denselben Bildungsquellen schöpfen. Der kosmopolitische Charakter der Wissenschaft macht sich auch hier geltend. Russen wie Deutsche, Griechen wie Polen u. s. w. gehen nach Padua und Leyden, nach Strassburg und Paris, um Medicin zu studiren. Die Lehranstalten in Russland werden nach dem Muster der westeuropäischen Universitäten und Kliniken angelegt und ausgestaltet. Der Natur der Sache nach müssen alle Völker hier auf einem gemeinsamem Boden stehen. Man ist auf diesem Gebiete solidarisch. Wer sich nicht entschliessen kann, bei den Anderen in die Schule zu gehen, ist eben überhaupt ausser Stande etwas zu lernen. Wenn etwa der Holländer Bidloo die Moskauer Hospitalschule ins Leben rief und förderte, so war dieses eine Verpflanzung der Grundsätze und Mittel, welche bei entsprechenden Gelegenheiten in Holland zu gelten pflegten. Wenn man bei der Gründung der Moskauer Universität den welterfahrenen Blumentrost zu Rathe zog, so lag darin das Bekenntniss, dass die russischen Hochschulen im Wesentlichen sich nicht von den westeuropäischen unterscheiden sollten. Die Apotheken in Russland, denen wir schon im 16. Jahrhundert begegnen, sind genau nach dem Muster derartiger Anstalten in anderen Ländern gegründet und verwaltet worden. Eine grosse Anzahl von medicinischen Werken wurde aus fremden Sprachen ins Russische übertragen. Sobald es sich um die Entwickelung der gerichtlichen Medicin in Russland handelte, musste genau so verfahren werden, wie man in dieser Hinsicht in Italien und Frankreich, in Deutschland und Holland, in Grossbritannien und Skandinavien zu verfahren pflegte.

Aber es gab einen weiten Weg von dem Chinesenthum, welches in früheren Jahrhunderten herrschte, bis zu der Bereitwilligkeit eines Anschlusses an Westeuropa, wie sie in der neueren Geschichte Russlands mehr und mehr zum Ausdruck gelangt. Es ist in dieser Hinsicht ungemein lehrreich zu beobachten, wie ein allgemein herrschendes Vorurtheil gegen abendländische Aerzte und Apotheker, gegen die in anderen Ländern üblichen Heilmethoden allmälig überwunden wird und zuerst von Allen, dann nur von den Tieferstehenden getheilt wird, während die Grossen des Reiches, die massgebenden Kreise sich davon emancipiren. Eine Wandlung in den Anschauungen hochstehender Personen musste den Gesichtskreis der Massen ausdehnen helfen. Wenn wir aus Olearius' Erzählung entnehmen, dass der Zar Michail Feodorowitsch zuerst nichts von Arzeneien wissen wollte und sodann durch den Verkehr mit Doctor Gramann sich eines Besseren belehren liess, so darf man vermuthen, dass in den Bojarenkreisen eine ähnliche Veränderung der Ansichten sich vollzogen habe. Das Beispiel der Kaiserin Katharina II., welche sich, ihren Sohn, ihre Enkel impfen liess, hat, wie wir ganz genau aus den Quellen wissen, unmittelbar auf sehr weite Kreise des Publikums gewirkt und ist eine Epoche in der Entwickelung des Sanitätswesens in Russland geworden. Die Initiative gehörte den Machthabern. Ihrer Einsicht, ihrem Beispiel war es zu danken, dass auch in den Massen eine fortschrittliche Bewegung möglich wurde. Und wenn in dieser Hinsicht auch jetzt noch viel zu thun übrig bleibt, so ist doch das Entscheidende bereits früher geschehen. Der Anstoss ist gegeben: die Weiterbewegung ist selbstverständlich. Mag auch jetzt noch der Fuss der gewaltigen Gesellschaftspyramide Russlands in Dunkel gehüllt sein: dass bereits vor Jahrhunderten die Spitze derselben im Frühlicht der Erkenntniss erglänzte, verheisst früher oder später dem ganzen socialen Bau in allen seinen Theilen Durchleuchtung und Erwärmung. Früher mussten die Aerzte sich des besonderen Schutzes der Machthaber erfreuen, um nicht ein Opfer der Volkswuth zu werden, wie u. A. jene Episode mit Blumentrost dem älteren zeigt, welcher der Intervention der Prinzessin Sophie im Aufstande der Strelzy (1682) sein Leben verdankte; jetzt drängt sich das Volk, da wo Aerzte und Apotheken auf dem platten Lande sich finden, freiwillig herzu, um selbst in ganz geringfügigen Erkrankungsfällen Heilung oder Linderung zu erlangen.

Während der Hof und die höheren Klassen der Gesellschaft in Russland schon im 16. und 17. Jahrhundert im Allgemeinen den Aerzten mit Achtung und Vertrauen begegnen, während die Stroganow's im Nordosten des Reichs — die russischen Rothschild's jener Zeit — schon im 16. Jahrhundert auf ihren ausgedehnten Besitzungen ausländische Aerzte und Apotheker unterhielten [111]), scheute sich das Volk vor den Medicinern und Pharmaceuten und gab seinem Misstrauen gegen dieselben gelegentlich Ausdruck. Skelette und anatomische Präparate oder zoologische Objecte erregten oft den Verdacht, dass die Eigenthümer derselben Zauberer seien. Wir haben die Episode mit Quirinus Bremburg mitgetheilt, welcher Gefahr lief vom Pöbel gelyncht zu werden, weil man bei ihm in der Stube ein Skelett erblickt hatte. In einer ähnlichen Gefahr befand sich ein deutscher Maler, Johann Detersen, in dessen Hause die Russen bei Gelegenheit einer Feuersbrunst einen Todtenkopf fanden: auch ihn wollte man mit dem Schädel zusammen ins Feuer werfen [112]). Olearius bemerkt, dass die Russen vor aller Anatomie, vor dem Seciren von Leichen den grössten Abscheu hätten. Der Umstand, dass der Bojar Matwejew mit einem Arzte und einem andern Ausländer bei sich zu Hause in einem medicinischen Werke gelesen hatte und dabei von einem seiner Feinde belauscht worden war, reichte hin, um den aufgeklärten Mann einer gerichtlichen Procedur zu unterwerfen. Ausser anderen Verbrechen warf man ihm auch das Lesen eines „schwarzen Buches" vor, durch welches er allerlei böse Geister citirt haben sollte [113]). Matwejew war eben als Anhänger der westeuropäischen Cultur, als ein durch Kenntnisse, Talent und Strebsamkeit ausgezeichneter Mann Vielen verhasst. Er war eines der ersten Opfer der Rebellion der Strelzy des Jahres 1682. — Einem andern Opfer dieser Meuterei, dem ebenfalls tüchtigen und begabten Chef der Gesandtschaftsbehörde, Larion Iwanow, machten seine Mörder zum Vorwurf, dass man in seinem Hause einen Tintenfisch gefunden habe [114]). An dem

---

[111]) Fletcher's engl. Werk in russischer Ausgabe S. 46.
[112]) Olearius 185—186.
[113]) Ssolowjew, Geschichte Russlands, XIII, 238—239.
[114]) Die Memoiren des jüngeren Matwejew in den „Memoiren russischer Männer", herausgegeben von Ssacharow, S. 24.

Doctor Daniel von Gaden, welchen die rebellischen Strelzy in
entsetzlicher Weise zu Tode marterten, hatten sie ebenfalls
auszusetzen, dass man in seiner Wohnung einen getrockneten
Seekrebs gefunden hatte. Es wurde ihm vorgeworfen, dass er
damit Zauberei getrieben haben müsse [113]). Alles naturwissenschaftliche medicinische Studium galt eben in den Augen des
unwissenden Pöbels als ein Werk des Teufels, als Sünde.

Ganz anders Peter, welcher in allen Stücken, so auch in
Betreff medicinischer und naturwissenschaftlicher Kenntnisse
die grösste Wissbegier an den Tag legte. In Holland lässt er
sich von den Aerzten, Anatomen und Naturforschern unterrichten; er erscheint in den anatomischen Cabinetten; er besucht mit Vorliebe die Krankenhäuser, fasst mit an bei chirurgischen Operationen; besonders gern ist er als Zahnarzt thätig. Aus vielen Verordnungen und Massregeln, welche die Gesundheitspflege betrafen, ist zu ersehen, wie viel Peter gelernt
hatte. Die vornehmen Russen jener Zeit, welche ins Ausland
reisen mussten, haben ebenfalls naturwissenschaftlichen Objecten gegenüber ein lebhaftes Interesse an den Tag gelegt. Einer
derselben berichtet in seinem Tagebuche, wie er allerlei sehenswerthe Dinge betrachtet habe, Missgeburten, Schlangen
und andere Thiere in Spiritus, Käfer, Schmetterlinge, ein Chamäleon u. s. w. Mit besonderer Ausführlichkeit schildert er
anatomische Präparate und verschiedene Sectionen, denen er
beiwohnte. Mit Entzücken beschreibt er u. A. die kleinen
Knochen des Gehörorgans, die Section der Leichen zweier hingerichteter Verbrecher u. dgl. m. [114]). Auch hier nimmt man
wahr, wie in der Reformepoche Peters durch die unmittelbare
Berührung mit dem Westen ein frischer Luftzug die Stagnation unhistorischen Daseins in Russland ablöst. Man gelangt
zu einem Begriff von dem Wesen der Naturwissenschaften, von
dem Nutzen der Heilkunde; man wird geneigt, sich den Beistand der Aerzte gefallen zu lassen; ja, noch mehr, man fängt
an ihrer dringend zu bedürfen.

In dieser Hinsicht ist folgende, einen sehr erfreulichen Fortschritt darstellende Thatsachenreihe beachtenswerth.

[113]) S. die Relation Butenant von Rosenbusch's bei Ustrjalow in dessen
Geschichte Peters des Grossen I. 338.

[114]) S. meine Schrift „Culturhistorische Studien." I. Die Russen im Auslande S. 87—89.

Wir begegnen zuerst dem Bedürfniss nach ärztlicher Hilfe nur am russischen Hofe. Auch die Befriedigung dieses Bedürfnisses ist nur dem Hofe möglich. Nur der Zar ist in der Lage, sich den Luxus eines Arztes zu gestatten. Auch liegt der Gedanke, dass die ärztliche Hilfe Anderen zugänglich gemacht werden müsse, gänzlich fern. Es giebt nur etwa Hofärzte. Dieses ist die erste Stufe. Solchen Zuständen begegnen wir im 16. Jahrhundert und noch zu Anfange des 17. Jahrhunderts.

Dann tritt ein weiterer Gesichtspunkt ein. In dem Masse, als die Kriege, welche Russland gegen Polen und Schweden zu führen hat, allmälich einen einigermassen europäischen Charakter annehmen, werden Militärärzte, Chirurgen in Dienst genommen. Im Laufe des 17. Jahrhunderts vollzieht sich dieser Fortschritt. Die Zahl der Wundärzte für das Heer ist in einem stetigen Steigen begriffen. Namentlich die sogenannten Tschigirin-Feldzüge (1676 und 1677) und das Streben, Asow zu erobern, veranlasst die Regierung, Militärärzte anzuwerben. Während die in Moskau bestehende Hofapotheke bis dahin so ausschliesslich für den Zaren und dessen Augehörige existirte, dass selbst russische Magnaten in Erkrankungsfällen nicht anders als auf besondere Verwendung Arzeneien zu erhalten pflegten, entstanden nun, während des 17. Jahrhunderts, Feldapotheken. So die zweite Stufe des Bedürfnisses nach Aerzten.

An das Volk, an die weiteren Kreise der russischen Gesellschaft dachte man noch lange nicht. Auch selbst Peter der Grosse ist nach dieser Richtung hin nicht frei von einer nach moderneren Begriffen tadelnswerthen Einseitigkeit, insofern es ihm nicht sowohl auf Aerzte für das Publikum, als so gut wie ausschliesslich auf Militärärzte ankam, insofern er nicht sowohl auf die Gründung von Krankenhäusern überhaupt, als vernehmlich auf die Errichtung von Militärlazarethen bedacht war. So hatten es denn die Aerzte lange Zeit hindurch nur mit dem Hofe, mit einigen bevorzugten Bojaren und mit der Armee zu thun. Das Publikum im Ganzen und Grossen blieb völlig ausser Spiel. Einen, man möchte sagen, erschütternden Beweis der Stumpfheit und Gleichgültigkeit gegenüber dem Elend der Massen liefert die Geschichte der verheerenden Pest, welche im Jahre 1654 des Centrum des moskowitischen Staats heimsuchte. Es sind in der Hauptstadt und in der Umgegend derselben hunderttausende von Menschen von der Epidemie hingerafft worden, ohne dass man auch nur irgendwie daran gedacht hätte, dem unglücklichen Volke die allergeringste ärztliche Hilfe zu gewähren. Von allgemein sanitätspolizeilichen Massregeln zum Schutze des Volkes ist in der ganzen Zeit dieser Krisis kaum etwas zu hören. Alle Vorschriften, dem Wüthen der Seuche Einhalt zu thun, sind lediglich darauf gerichtet das Leben des Zaren und der Angehörigen desselben zu schützen. Die allerhöchsten Personen, sowie der Patriarch, die Hauptwürdenträger — Alles entflieht aus Moskau. Man überlässt das Volk dem grenzenlosen Elend. Es gab damals Hofärzte, Militärärzte, Hofapotheken, Feldapotheken — nichts davon ist dem Volke zu Gute gekommen; es war für dasselbe nicht vorhanden [117].) Der Verhältniss ändert sich erst allmälich. Auch mehrere Jahrzehnte nach der Epidemie von 1654 nehmen wir wahr, dass während in der Hauptstadt eine beträchtliche Zahl von Aerzten sich aufhält, der in Kijew lebende General Patrick Gordon sich darüber beschwerte, dass in Kijew (im J. 1685) noch kein Arzt sich befände und keine Arzeneien zu erhalten seien [118].) Die Bedürfnisse waren eben verschieden. (Gordon, welcher durch vielfachen Umgang mit Aerzten und als hochgebildeter Mann eine gewisse medicinische Bildung erworben hatte, musste mehr als mancher seiner russischen Zeitgenossen einen Arzt vermissen und es bitterer als Andere beklagen, dass u. A. bei den Tschigirin-Feldzügen sehr viele Verwundete starben, weil es an Wundärzten fehlte [119])

Im Gegensatze zu der Indolenz, mit welcher die Regierung des Zaren Alexei Michailowitsch dem Unheil von 1654 zusah, ohne ein ärztliches Personal zu berufen oder auf gesundheitspolizeiliche Massregeln rationeller Art zum Schutze der Gesammtheit bedacht zu sein, ist die Regierung Katharina II., als 1771 die Pest in Moskau wüthete, ganz anders verfahren. Ein reiches Quellenmaterial, insbesondere eine Fülle von Actenstücken setzen uns in den Stand, die Intentionen der Regierung bei dieser Gelegenheit zu verfolgen. Das Wichtigste war, dass man über ein bedeutendes ärztliches Personal verfügte. In jeder Weise suchte man, soweit der damalige Stand der

---

[117]) s. meine Abhandlung über die Pest in Russland 1654 in meinen „Bildern aus Russlands Vergangenheit" I. S 31—57.
[118]) Gordon's Tagebuch, herausgegeben von Posselt. II. 87.
[119]) Gordon I, 528.

Wissenschaft dazu die Handhabe bot, dem Volke zu helfen. Nach dem Rathe der Aerzte wurden viele gesundheitspolizeiliche Massregeln getroffen; die Aerzte beaufsichtigten die Quarantaineanstalten, leiteten die Desinfectionsarbeiten, suchten das Publikum über das Mass und die Art der Gefahr, welche Jedermann von der Pest drohte, aufzuklären; es entstanden mehrere neue Hospitäler in der alten Hauptstadt und in der unmittelbaren Umgebung derselben; in allen Stücken handelten die Autoritäten in Uebereinstimmung mit den Anschauungen und Gutachten der Aerzte; den letzteren verdanken wir eine ganze Literatur über die Epidemie in Moskau im Jahre 1771. Genug, es stellt sich uns in dieser Hinsicht das Zeitalter Katharina II., verglichen mit den Zuständen von 1654 in einem ausserordentlich günstigen Lichte dar, wenngleich man allerdings wahrnimmt, dass auch im J. 1771 das Publikum, d. h. insbesondere die niedere Klasse, den Aerzten nicht ausreichendes Vertrauen schenkte, ihre Vorschriften nur zum Theil befolgte und daher sich einer grösseren Gefahr aussetzte, ein Opfer der Seuche zu werden [120]).

So stellen denn der Hof, das Militär und das Publikum drei verschiedene Phasen der allmäligen Ausdehnung des Wirkungskreises der Aerzte dar. Man begreift, dass entsprechend der Erweiterung der Praxis der Aerzte ihre Zahl steigen musste. Aus den in der Einleitung dieser Abhandlung mitgetheilten Zahlenverhältnissen ist zu ersehen, dass Russland auch jetzt noch in der Arztfrequnz hinter den westeuropäischen Staaten zurücksteht. Schon im 18. Jahrhundert begegnen uns in Russland ausser den Aerzten in den Hauptstädten auch solche in den Städten der Provinz. Sowohl die Militärärzte als die im Privatdienste reicher Gutsbesitzer stehenden Mediciner mögen auch schon damals, wenn auch nur ausnahmsweise, die Segnungen der Heilkunde auch dem platten Lande übermittelt haben. Eine gleichmässigere Vertheilung der Aerzte über das ganze Reich, in allen seinen Theilen, auch in entlegeneren Gebieten steht noch bevor. Man weiss, welch empfindlicher Mangel an Landärzten und sonstiger Hilfe in Krankheitsfällen sich auch jetzt noch geltend macht. Dass aber die Frage, wie

---

[120]) S. meine Abhandlung über die Pest in Moskau 1771 in d. Russ. Revue Bd. XXIV.

Allen, auch den Aermsten in dieser Hinsicht geholfen werden könne, in der Gesetzgebenden Versammlung von 1767 zur Sprache kam, ist ein Beweis für den sich schon zur Zeit Katharina's vollziehenden Fortschritt. Es ist der Baron Asch gewesen, der damals von Landärzten und Dorfhebammen, von der Verbreitung rationeller Anschauungen in Betreff der Gesundheitspflege im Volke sprach, Fragen aufwarf, wie sie gegenwärtig z. B. in den grossen Congressen der Aerzte, wie dieselben auch in Russland stattfinden, mit unvergleichlich bedeutenderen Mitteln einer Lösung näher gebracht werden. Der Begriff der Volksgesundheitspflege, welcher vor ein Paar Jahrhunderten völlig fehlte, steht jetzt im Vordergrunde.

Die allerwichtigste Frage in der Geschichte der Aerzte in Russland, ob nämlich seit dem Auftreten und der Vermehrung derselben im Lande die Morbilität und Mortalität abgenommen habe, dürfte nicht leicht zu beantworten sein. Das Material für die Untersuchung dieser Verhältnisse ist spärlich, zufällig, lückenhaft, aber nicht so unvollständig, dass nicht eine Bearbeitung dieser Frage möglich wäre. Es gehören mancherlei Vorarbeiten dazu und die gegenwärtige Abhandlung ist auch eine solche.

Viel leichter ist es, auf einige Züge des Cultureinflusses hinzuweisen, welchen die Aerzte in Russland sowohl bei Ausübung ihres Berufes als auch sonst im Allgemeinen übten. Schon das Ansehen, welches sie genossen, die materiellen Mittel, über welche sie verfügten, verliehen ihnen die Möglichkeit, Bildung zu verbreiten, anregend, belebend zu wirken.

Verweilen wir zunächst einen Augenblick bei der materiellen Lage der Aerzte in Russland im 17. und 18. Jahrhundert. Wir sind allerdings nicht in der Lage, eine Geschichte des Arbeitslohnes auf diesem Gebiete darzubieten. Es wäre von Interesse, die Remunerationen der Aerzte in früheren Zeiten mit denjenigen in gegenwärtiger Zeit zu vergleichen. Es liegt zur Untersuchung dieser Frage ein überreichliches Material vor und eine Beantwortung dieser Frage könnte als ein werthvoller Beitrag zur Geschichte der Preise angesehen werden. Indessen verzichten wir vorläufig auf die eingehendere Erörterung dieses Punktes. Im Allgemeinen aber haben wir den Eindruck, dass die materielle Lage wenigstens einiger bevorzugter Aerzte in den früheren Jahrhunderten eine ausnehmend günstige gewesen sei.

Wie vortheilhaft die Stellung der Aerzte in Russland im 17. Jahrhundert war, erfahren wir u. A. von Olearius. Der Doctor Arthur Dee, welcher zwölf Jahre lang Leibarzt des Zaren Michail Feodorowitsch war, hatte ein Jahrgehalt von 1114 Rubeln; ausserdem erhielt er in reichlichen Quantitäten Speisen und Getränke, und ein Landgut in der Nähe der alten Hauptstadt zur Nutzniessung. Was aber die Summe von 1114 Rubeln bedeutete, begreift man, wenn man sich vergegenwärtigt, dass in jener Zeit ein Tschetwert Roggen 40 Kopeken kostete, während man jetzt etwa 8 Rubel dafür bezahlt. So erscheint denn jene Summe von 1114 Rubeln einer Summe von über 20,000 heutigen Rubeln gleich. Ausserdem erhielt der Doctor Dee ansehnliche Geschenke vom Hofe. An der Iljinschen Pforte besass er ein grosses steinernes Haus u. dgl. Ebenso erhielt Doctor Hartmann Gramann als Arzt bei der Apothekerbehörde über 1000 Rubel (2088 Thaler) Gehalt; jeder Aderlass bei Hofe wurde mit 100 Thalern an Gold und allerlei Geschenken an Atlas, Damast, Zobeln u. s. w. belohnt. Die Privatpraxis brachte vornehmlich Naturalien ein: Zobel, Speckseiten, Branntwein u. dgl. m.

Die Aerzte hatten eine glänzende Stellung, wurden bei öffentlichen Feierlichkeiten begünstigt, ausgezeichnet und waren keineswegs mit Geschäften überhäuft. Reutenfels erzählt: „Die Aerzte führen, wenn sie nicht gerade einen Kranken am Hofe haben, ein bequemes Leben. Des Morgens erscheinen sie etwa in der zarischen Apotheke, um sich irgend welchen Rath zu holen; sonst pflegen sie der Ruhe in ihren Wohnungen. Ihre stehende Antwort auf die Frage, was sie zu Hause thäten? ist die: wir sind beim beständigen Studiren in den Büchern auf die Gesundheit Sr. Majestät des Zaren bedacht'''").

Bereits oben erwähnten wir des grossen Vermögens, welches der Leibarzt Peters des Grossen, Areskine, hinterliess. Er besass mehrere Güter. Ebenso waren andere Mediciner, welche während des 18. Jahrhunderts nach Russland kamen, glänzend situirt. Wir erwähnten bereits, dass der Doctor Johann Deodatus Blumentrost längere Zeit das Gut Gatschina besass. Der Archiator Fischer bezog eine Gage von 7000 Rubeln jährlich,

---

''') S. meine Schrift: „Die Ausländer in Russland" in d. „Culturhistorischen Studien" Riga, 1878. S. 35—40.

Poissonnier eine solche von 5000, Mounsey eine von 7000 Rubeln. Da nun seit den Zeiten dieser Aerzte die Münzeinheit in Russland sehr beträchtlich, etwa auf den vierten oder fünften Theil zusammengeschmolzen ist, so wären diese Ziffern etwa mit 4 oder 5 zu multipliciren, um die Gehälter der Aerzte jener Zeit in heutigem Gelde auszudrücken. Es sind das Besoldungen, welche denjenigen der höchsten Würdenträger im Lande gleich- oder nahekommen. Rogerson spricht in seinen Schreiben an die Woronzow's von seinen Gütern; bei Gelegenheit einer Reise schenkte ihm Katharina die Summe von 10,000 Rubeln. Dimsdale erwarb in kurzer Zeit in Russland ein sehr ansehnliches Vermögen, Weikard erhielt, obgleich er sich keiner besonderen Gunst der Kaiserin erfreute, sehr bedeutende Summen, ein Chirurg Sommer ebenfalls u. s. w. [177]).

Eine so angesehene Stellung brachte es mit sich, dass die Aerzte in der Gesellschaft eine hervorragende Rolle spielten. In Betreff der zweiten Hälfte des 17. Jahrhunderts erfahren wir über diesen Punkt mancherlei aus den Tagebüchern des Generals Patrick Gordon und des Secretärs der kaiserlichen Gesandtschaft Korb u. A. Auch Kilburger, welcher eine Schrift über den russischen Handel verfasste und einige wichtige Angaben über die 1671—74 importirten Droguen mittheilte, widmet den Aerzten und Apothekern ein besonderes Kapitel. In der Geschichte des Protestantismus und Katholicismus in Russland spielen die Aerzte eine grosse Rolle. Während einige Katholiken unter ihnen Propaganda machten für die ecclesia militans, wie z. B. der mit dem Jesuitenorden in Verbindung stehende Carbonari, wirkten die Protestanten unter ihnen für das Entstehen und Gedeihen der evangelischen Kirchen Russlands, der bei denselben zu errichtenden Schulen u. s. w.

Es musste für den ganzen Habitus des geistigen Lebens in Russland von grosser Bedeutung sein, dass schon vor dem Jahre 1800 hunderte von Aerzten einen wesentlichen Bestandtheil der höheren Gesellschaft bildeten. Es waren Männer, welche die Welt kannten, in Westeuropa ihre Studien absolvirt hatten, über Sprachkenntnisse verfügten. Und dieses galt nicht bloss von den ausländischen Aerzten, sondern auch von den Russen. Der Verkehr mit Hulst, Bidloo, Termond und an-

---

[177]) S. u. A. Marcard a. a. O. S. 136

deren Medicinern war für Peter den Grossen eine Art Schule. Im Gespräche mit ihnen mochten die allerverschiedensten Stoffe zur Erörterung gelangen. Man erzählt schon von Boris Godunow, dass er sich mit besonderer Vorliebe dem Genusse der Conversation mit den ihn umgebenden ausländischen Aerzten hingegeben habe. Manche der letzteren vertraten recht vielseitige Interessen. Einige konnten der Regierung sogar auf politischem Gebiete Dienste leisten, wie z. B. Aroskine, Rinhuber, Lestocq, Bacheracht u. A. Von der encyclopädischen Bildung der Aerzte zeugt die schriftstellerische Thätigkeit einiger derselben, welche sich nicht auf ihr eigentliches Fach beschränkten, sondern offene Augen hatten auch für andere Gebiete. So gehören Collins', Rinhubers' Schriften zu den wichtigsten Quellen zur Geschichte Russland's im 17. Jahrhundert; so studirte Schober die geographischen Verhältnisse des Reiches und die Productenkunde desselben; so erforschte von der Bech die Münzkunde und die Alterthümer Russlands; so war Schtschepin ein bedeutender Botaniker. Als Naturforscher haben sich hervorgethan die Mediciner Blumentrost, Kaau-Boerhave, Messerschmidt, Bernouilli, Gmelin, Buxbaum, Steller u. A. Die Sammlungen an Büchern und Naturalien, welche manche Aerzte anlegten, sind zum Theil nach ihrem Tode für öffentliche Institute erworben worden und so der Gesammtheit zu Gute gekommen. Ihre literarische Thätigkeit übte einen tiefgreifenden Einfluss auf weitere Kreise, indem sie wissenschaftliche und populäre Werke ins Russische übertrugen, Handbücher der Medicin verfassten u. s. w. Nicht bloss in den Hospitälern oder an der Moskauer Universität haben sie als Lehrer gewirkt, sondern auch in anderer Hinsicht sind sie, weit über das Gebiet der Medicin hinaus, Lehrer des Volkes gewesen.

In allen diesen Erscheinungen gelangt der Process der Europäisirung Russlands zum Ausdruck. Indem man Aerzte aus dem Westen berief, russische Aerzte im Auslande ausbildete, medicinische Lehranstalten nach dem Muster der in anderen Ländern bestehenden Hochschulen errichtete, sorgte man nicht bloss für eine Steigerung der Vitalität des russischen Volkes, sondern man förderte damit die geistige Entwickelung desselben, den Erwerb unverlierbarer idealer Güter.